Informatik aktuell

Herausgeber: W. Brauer
im Auftrag der Gesellschaft für Informatik

Wolfgang A. Halang (Hrsg.)

Herausforderungen durch Echtzeitbetrieb

Echtzeit 2011

Fachtagung des gemeinsamen Fachausschusses
Echtzeitsysteme von
Gesellschaft für Informatik e.V. (GI),
VDI/VDE-Gesellschaft für Mess- und Automatisierungs-
technik (GMA) und
Informationstechnischer Gesellschaft im VDE (ITG)
Boppard, 3. und 4. November 2011

VDI/VDE-Gesellschaft
Mess- und Automatisierungstechnik

INFORMATIONSTECHNISCHE
GESELLSCHAFT IM VDE

Herausgeber

Wolfgang A. Halang
FernUniversität in Hagen
Lehrstuhl für Informationstechnik, insb. Realzeitsysteme
58084 Hagen
wolfgang.halang@fernuni-hagen.de

Programmkomitee

J. Bartels	Krefeld
B. Beenen	Lüneburg
J. Benra	Wilhelmshaven
V. Cseke	Wedemark
G. Frey	Kaiserslautern
R. Gumzej	Maribor
W. A. Halang	Hagen
H. Heitmann	Hamburg
J. Jasperneite	Lemgo
T. Kaltenhäuser	Hamburg
R. Müller	Furtwangen
S. Naegele-Jackson	Erlangen
G. Schiedermeier	Landshut
U. Schneider	Mittweida
D. Zöbel	Koblenz

Netzstandort des Fachausschusses: www.real-time.de

CR Subject Classification (2001): C3, D.4.7

ISBN 978-3-642-24657-9   e-ISBN 978-3-642-24658-6
DOI 10.1007/978-3-642-24658-6
Springer Heidelberg Dordrecht London New York

Die Deutsche Nationalbibliothek verzeichnet diese Publikation in der Deutschen National-
bibliografie; detaillierte bibliografische Daten sind im Internet über http://dnb.d-nb.de abrufbar.

Einbandentwurf: WMXDesign GmbH, Heidelberg

Gedruckt auf säurefreiem Papier

Springer ist Teil der Fachverlagsgruppe Springer Science+Business Media
(www.springer.com)

Vorwort

Als Leitthema für die Fachtagung „Echtzeit 2011" hat das Programmkomitee die Herausforderungen gewählt, die der Echtzeitbetrieb an Entwurf, Aufbau, Programmierung, Implementierung sowie Einsatz von Rechensystemen stellt. Unter den aus den eingegangenen Vorschlägen zur Aufnahme in den vorliegenden Band ausgewählten Beiträgen beschäftigt sich in der Tat eine Gruppe mit Entwurfsverfahren für Echtzeitsysteme. Weitere Themenschwerpunkte bilden einem aktuellen Trend entsprechend Mehrkernsysteme, deren höhere Leistungsfähigkeit durch kompliziertere Handhabbarkeit erkauft wird, sowie die insbesondere unter Einsatzgesichtspunkten bedeutende Skalier- und Konfigurierbarkeit.

Die Auftaktsitzung der Tagung ist jedoch Fragen der funktionalen Sicherheit gewidmet. Ein aktueller – eigentlich unvernünftiger – Trend in der Automatisierungstechnik ist es, Kommunikationsnetze in Ethernet-Technik oder funkgestützt aufzubauen und dann noch mit dem Internet zu verbinden, so dass sie von außen leicht angegriffen oder ausgespäht werden können. Der erste Beitrag zeigt daher auf, wie sich unter Einhaltung gegebener Echtzeitbedingungen Daten abhörsicher austauschen lassen. Weil in eingebetteten Systemen häufig auch Programme mit Sicherheitsverantwortung implementiert sind, die dann gegen Fehlfunktionen des übrigen Systems geschützt werden müssen, befasst sich der zweite Beitrag mit der Frage, wie sicherheitsgerichtete Software in AUTOSAR-Systemen isoliert werden kann, ohne dass deren gesamte System-Software auch hohen Sicherheitsanforderungen genügen müsste.

Zunehmend bieten Hersteller von Mikrorechnern diese mit mehreren Prozessorkernen an. Da deren Potential in eingebetteten und Echtzeitsystemen jedoch nicht ohne weiteres genutzt werden kann, beschäftigt sich ein Beitrag der zweiten Sitzung damit, modellbasiert statische Zuteilungen sicherheitskritischer Tasks mit harten Echtzeitanforderungen zu mehreren Kernen automatisch zu erzeugen. Wie der Ablauf derartiger Tasks auf Mehrkernprozessoren unter Hinnahme gewisser Einschränkungen durch gewöhnliche, unveränderte Betriebssysteme gesteuert werden kann, zeigt ein anderer Beitrag. Schließlich wird in dieser Sitzung noch ein Beispiel für den Einsatz von Mehrkernprozessoren in eingebetteten Systemen im Zusammenspiel mit Virtualisierung gegeben, und zwar zur Integration von Multimediabordsystemen in Automobilen.

Traditionell ist eine Sitzung der Tagung dem Bereich Ausbildung gewidmet. Zunächst werden zum Einsatz in Informatikunterricht und -studium entwickelte anschauliche Medien vorgestellt, mit denen komplexe Echtzeitsysteme, ihr Zeitverhalten und Zusammenwirken mit der Umgebung besser begreifbar gemacht werden soll. Dem Trend hin zu individuellen Produkten folgend, wird anschließend die Ausbildung von Studenten mittels Praktika und kleinerer Entwicklungsprojekte an flexiblen, industriellen Fertigungssystemen beschrieben. Ebenfalls in dieser Sitzung werden die beiden studentischen Abschlussarbeiten präsentiert, die als Sieger aus dem erneut vom Fachausschuss ausgelobten

Graduiertenwettbewerb hervorgegangen sind. In der ersten Arbeit wird ein Echt-
zeitverfahren zur Orientierung und Navigation mobiler, autonomer Roboter mit
vorhersagbarer Laufzeit auf einer konkreten Plattform umgesetzt und in einer
realen Testumgebung evaluiert. Die zweite Arbeit stellt ein FPGA-gestütztes
dediziertes System vor, das die numerische Lösung durch Differentialgleichungen beschriebener zeitkontinuierlicher Simulationsmodelle der Umgebungen von
Steuergeräten bei Hardware-in-the-Loop-Tests im Echtzeitbetrieb erlaubt.

Die erste Sitzung des zweiten Workshop-Tages befasst sich mit Entwurfsverfahren. Um das Verhalten von Echtzeitsystemen transparent, genau, eindeutig,
konsistent und leicht verständlich darzustellen, wird eine tabellarische Beschrei-
bungsmethode vorgestellt, die es weiterhin erlaubt, Verhalten hierarchisch zu
strukturieren, zu verfeinern und bzgl. verschiedener systemtechnischer Aspekte zu differenzieren. Die Ergebnisse einer den Zusammenhang zwischen Energiebedarf, Dienstgüte und Systemleistung bei der Substitution von Ressourcen
in Software-Systemen untersuchenden Fallstudie werden im Anschluss präsentiert. Der Autor des dritten Beitrags dreht den Spieß um. Er adaptiert etablierte Verfahren aus dem Fundus der Echtzeitinformatik, um die in sog. Manufacturing Execution Systems ablaufenden produktionsnahen Geschäftsprozesse
ressourcen- und kostenschonender in Software umzusetzen, zu testen und zu
warten.

Die Sitzung zu Fragen der Skalier- und Konfigurierbarkeit beginnt mit der
Vorstellung eines Konzepts, Echtzeitaufgaben physikalisch auf die Knoten konfi-
gurierbarer Mehrprozessorsysteme abzubilden und zur Interprozesskommunikation blockierungsfreie, mehrstufige Netze mit vorhersagbarer Latenz einzusetzen.
Es folgt ein Ansatz zur Erhöhung der Flexibilität von Fertigungsanlagen durch
Einsatz rekonfigurierbarer Komponenten und echtzeitfähiger Software-Agenten.
Am Beispiel der Einspannvorrichtung einer Fräsmaschine wird gezeigt, wie sie
durch einen zugeordneten Agenten gesteuert und zur Laufzeit rekonfiguriert
wird. Der letzte Vortrag widmet sich einem neuartigen und deutlich leistungsfä-
higeren Verfahren zur Simulation der Sortierung von Schüttgut und Verwendung
eines programmierbaren Framegrabbers. Damit können Testabläufe flexibel gestaltet und unter Echtzeitbedingungen automatisiert abgearbeitet werden.

Zum Abschluss sei zunächst den Autoren gedankt, die ihre Beiträge meistens
pünktlich in guter Qualität und in vorgegebener Länge abgeliefert haben. Damit
konnte der Tagungsband erneut in einheitlichem Erscheinungsbild mit geringem
redaktionellen Aufwand fertiggestellt werden. Dieser Aufgabe und der Korrektur
offensichtlicher Fehler hat sich Frau Dipl.-Ing. Jutta Düring wieder mit großer
Hingabe gewidmet, wofür ich ihr meinen ganz herzlichen Dank ausspreche. Für
die auch in diesem Jahr gewährte finanzielle Unterstützung des Workshops in
Boppard sind Programmkomitee und Leitungsgremium des Fachausschusses den
langjährigen industriellen Sponsoren zu großem Dank verpflichtet.

Hagen, im August 2011   Wolfgang A. Halang

Inhaltsverzeichnis

Entwurfsverfahren

Skalier- und Konfigurierbarkeit

Sichere Kommunikation in der Automatisierungstechnik

Linus Schleupner

Lehrstuhl für Informationstechnik, insb. Realzeitsysteme
FernUniversität in Hagen, 58084 Hagen
Linus.Schleupner@fernuni-hagen.de

Zusammenfassung. Automatisierungstechnische Kommunikationsnetze an Maschinen und Anlagen werden vermehrt, z.B. zu Fernwartungszwecken, mit dem Internet verbunden. Auch wird Ethernet als Standard wie ein Feldbus eingesetzt. Die bisher als Insellösung ausgeführten Netze mit proprietären Bussystemen können deshalb genauso von außen angegriffen oder ausgespäht werden wie jedes Büro- oder Heimnetzwerk. Marktgängige Feldbus- oder Funknetze bieten keinen Schutz gegen diese Gefahren. Der Angriff von W.32 Stuxxnet hat gezeigt, dass die Wirkung bis zur Funktionsstörung von Atomanlagen reichen kann. Deshalb müssen Automatisierungsarchitekturen eine im Rahmen der gegebenen Echtzeitbedingungen abhörsichere Kommunikation erlauben, die gegen Einflüsse von außen unempfindlich ist.

1 Einleitung

Die ständige Verfügbarkeit von Infrastrukturen z.B. bei Verarbeitungs- und Produktionsanlagen sowie Anlagen zur Energie- oder Wasserversorgung spielt für Unternehmen, Verwaltungen und private Haushalte eine große Rolle. Dort kommen automatisierte Prozesssteuerungssysteme, IndustriePCs mit Windows-Betriebssystemen und Office-Anwendungen sowie Supervisory Control and Data Acquisition-Systeme (SCADA) zur Steuerung der verschiedenen Funktionen und Abläufe in verteilten Strukturen zum Einsatz. Zur Vernetzung ihrer Komponenten nutzen diese Systeme immer häufiger die gleiche oder ähnliche Ethernet-basierte Netzwerktechnik wie Standard-Computernetzwerke.

Diese in der Automatisierungstechnik zunehmend eingesetzte Ethernet-basierte Feldbustechnik soll wegen der hohen Bandbreite, des hohen Bekanntheitsgrades und der einfachen Anbindung von Netzwerkteilnehmern neue Möglichkeiten öffnen. Die Vorteile liegen anscheinend auf der Hand: Die Anforderung an eine bekannte und einfache Technik, die insbesondere in der Automatisierungs- und Prozesstechnik den Transport und die Verarbeitung immer größerer anfallender Datenmengen erlaubt, ist zunächst erfüllt. So können bisher gängige, in der Maschinenautomatisierung lokal eingesetzte, proprietäre Feldbussysteme abgelöst werden.

Das führt allerdings dazu, dass Automatisierungssysteme potenziell den gleichen Gefahren durch Viren, Würmer, Trojaner und unbedachte Nutzer ausge-

W.A. Halang (ed.), *Herausforderungen durch Echtzeitbetrieb*, Informatik aktuell,
DOI 10.1007/978-3-642-24658-6_1, © Springer-Verlag Berlin Heidelberg 2012

setzt sind wie jeder Büro- oder Heim-PC. Konzepte zur datentechnischen Einbindung aller Komponenten einer automatisierten Anlage über Ethernet-Netzwerke werden bereits diskutiert. Geschäftsmodelle zur Auslagerung von Service- und Instandhaltungsaufgaben auf externe, ggf. nicht am Standort der Anlage ansässige Unternehmen, verstärken die potenziellen Risiken zusätzlich, ebenso wie die Vernetzung verschiedener Produktionsstandorte über Enterprise Ressource Planning - Systeme (ERP-Systeme). Etablierte Schutzmaßnahmen aus der Büro-Informationstechnik lassen sich aber nicht 1:1 in die Automatisierungstechnik übertragen [1, 2]. Viele Prozesse, z.B. in Kraftwerken oder Stahlwerken, können nicht einfach angehalten werden, um notwendige Updates von Betriebssystemen oder Virenschutzprogrammen mit anschließendem Systemneustart durchzuführen.

Die Sicherheit gegen Angriffe von außen wie Sabotage oder Manipulation ist in automatisierten Anlagen in jeder Hinsicht elementarer Bestandteil zur Sicherstellung von Verfügbarkeit, Zuverlässigkeit und Authentizität. Eine Unterbrechung der Produktion aufgrund sabotierter oder manipulierter Anlagen kann schwerwiegende Folgen nach sich ziehen. Vertragsstrafen können bei falsch produzierter Menge oder verzögerter Lieferung greifen oder Rückrufaktionen können bei mangelhafter Qualität die Folge sein. Auch können Anlagen beschädigt oder unbrauchbar werden, was mit Imageschäden oder hohem Geldverlust einhergeht. Angriffe auf Kraftwerke können zudem notwendige Energie- oder Stromversorgungen ausschalten.

Die erstmals im Juni 2010 bekannt gewordene Attacke der Schadsoftware W32.Stuxnet zeigt, dass die bisher autark und in sich geschlossen betriebenen Automatisierungsnetze durch gezielte Angriffe von außen verwundbar sind. Grund dafür ist die oben beschriebene Anbindung der Automatisierungsnetze an das Internet, z.B. zu Fernwartungszwecken und die damit verbundene Möglichkeit, Schadsoftware einzuschleusen. Das Ziel von W32.Stuxnet war und ist das Ausspionieren und die Umprogrammierung vorhandener Software speziell in den Steuerungssystemen der Automatisierungstechnik zur Sabotage von Kraftwerken, chemischen Fabriken und industriellen Produktionsanlagen. Über eine vorhandene Internetverbindung wird zuerst die PC- und dann gezielt die SPS-Ebene (Speicherprogrammierbare Steuerung) in einer Automatisierungsarchitektur infiziert. Als Schaden wurde bisher veröffentlicht, dass in iranischen Atomanlagen Uranzentrifugen manipuliert und beschädigt wurden [3, 4]. In [5] ist die Angriffsstrategie von „W32.Stuxnet" detailliert beschrieben.

An automatisierungstechnische Netze können neue Teilnehmer ohne oder nur mit sehr wenigen Sicherheitsprüfungen geschaltet werden. Das bezieht sich nicht nur auf die in Automatisierungsarchitekturen üblichen Feldgeräte wie Umrichter, Steuerungen, Sensoren oder Karten mit Ein- und Ausgängen, sondern auch auf Programmiergeräte. Letztere sind üblicherweise als tragbare Rechner ausgeführt und dienen zur Parametrierung und Konfigurierung der Teilnehmer sowie zur Erstellung von Ablaufprogrammen speicherprogrammierbarer Steuerungen. Weiterhin können mit Programmiergeräten Diagnosedaten und Programme ausgelesen und beeinflusst werden. Auf diese Weise ist es für Wirtschaftsspione oder Saboteure sehr einfach, vertrauliche oder sicherheitsrelevante Prozess- oder Programmdaten auszulesen und zu verändern.

Vertraulichkeit kann mit aufwändigen physikalischen Mitteln gewährleistet werden. Es ist jedoch günstiger und effektiver, dafür geeignete kryptographische Methoden zu verwenden.

Nach dem für die Informationstheorie grundlegenden Satz von Shannon in [6] gilt ein Verschlüsselungssystem dann als perfekt sicher, wenn die Anzahl der möglichen Schlüssel mindestens so groß ist wie die Anzahl der möglichen Nachrichten. Damit ist die Anzahl der Schlüssel ebenfalls mindestens so groß wie die Anzahl der möglichen Chiffrate, die ihrerseits mindestens so groß wie die Anzahl der möglichen Klartexte sein muss.

Demnach ist von den heute bekannten Verschlüsselungsmethoden als Einzige die Einmalverschlüsselung wegen der Einmaligkeit der Schlüsselverwendung als perfekt sicher bewiesen [7, S. 11, S. 40ff.].

Als Grundlage der Schlüsselerzeugung werden Zufallszahlen verwendet, und zwar in der Regel Pseudozufallszahlen, weil sie schnell und einfach generiert werden können. Diese sind jedoch deterministisch und müssen für die kryptographische Verwendung mit großem Aufwand statistisch nachbereitet werden. Im Unterschied zu Pseudozufallszahlen besitzen echte Zufallszahlen die Eigenschaften der Unvorhersagbarkeit, der Gleichverteilung in einer Zahlenfolge und der Unabhängigkeit von Anfangswerten oder Randbedingungen. Echte Zufallszahlen sind in Aufgaben der Kryptographie den Pseudozufallszahlen vorzuziehen.

Die Zykluszeiten der Datenkommunikation in der Automatisierungstechnik liegen aktuell bei unter 1 ms, wodurch sich hohe Echtzeitanforderungen ergeben. Echtzeitfähigkeit bedeutet hier, dass Prozessdaten oder -befehle zu vordefinierten Zeitpunkten von einem Empfänger verarbeitet sein müssen. Viele Anwendungsfälle unterliegen dabei der sogenannten harten Echtzeitbedingung. Bei solchen Systemen muss der zeitliche Rahmen eingehalten werden, da sonst Prozesse nicht mehr zufriedenstellend abgeschlossen werden können, sei es, dass ein Schweißbalken Kunststoffnähte bei Verpackungen nicht mit der richtigen Festigkeit zusammenschweißt oder dass Nahrungsmittelrezepturen zu geschmacksverfälschten Produkten führen.

Die aus der quantenphysikalischen Übertragung von Bits her bekannten Protokolle BB84 und E91 erlauben zwar die sichere quantenphysikalische Übertragung von Bits. Allerdings ist die Anzahl der sicher übertragbaren Bits bei Weitem nicht ausreichend, um allein diese nach den Anforderungen der Automatisierungstechnik zur Schlüsselerzeugung zu verwenden. Heute in [8, S. 79] untersuchte Systeme erreichen eine Datenrate von 95 kBd, womit nur etwa 8 Ethernet-Pakete mit je 12 kBit Nutzlast pro Sekunde verschlüsselt werden können. Es würden jedoch nach [9] bereits in einem kleinen Netzwerk ca. 3000 Pakete pro Sekunde benötigt. Diese Methode allein genügt also nicht den Anforderungen der Automatisierungstechnik.

Nach diesen Überlegungen sollte die Verschlüsselung der Bitströme mittels Einmalverschlüsselung sowie die Verteilung der erzeugten echten Zufallszahlen mittels quantenphysikalischem Protokoll BB84 bzw. besser E91 erfolgen. Gegen beide Verfahren ist unter der Voraussetzung der Null-Fehler-Toleranz bisher kein erfolgreicher Angriff bekannt. Lediglich die Anzahl der nach den Ansprüchen der Automatisierungstechnik zu verteilenden Zufallsbits ist bei weitem zu gering. Gelöst werden muss also die ausreichende Erzeugung echter Zufallsbits und die permanente Generierung und zeitgerechte Bereitstellung von Einmalschlüsseln.

2   Ergänzung der Automatisierungsarchitektur

Zunächst muss eine klassische Automatisierungsarchitektur mit Hardware ergänzt werden.

Zur Wahrnehmung von übergeordneten, zentralen Netzwerkaufgaben wird ein *Leitknoten* eingesetzt, welcher als Zusatzkarte zur SPS gesteckt oder separat als eigener Hardwarebaustein montiert werden kann. Einige Aufgaben dieses Bausteins sind die Koordination der sicheren internen Kommunikation mit den Kryptomodulen, Klärung des externen Zugriffs auf das Netzwerk (lokal oder über Fernzugriff), die Erzeugung und der quantentechnische Versand neuer, echter Zufallsbits innerhalb des Automatisierungssystems für die Schlüsselerzeugung und die zeitliche Synchronisierung aller Teilnehmer.

Weiter wird ein *Kryptomodul* eingeführt, das als Netzknoten jeweils zwischen ein automatisierungstechnisches Gerät, allgemein einen Knoten, und den Feldbus geschaltet wird und eine Schnittstelle zu diesem Feldbus (110), eine Ver-/Entschleierungseinheit (114), ein Ver-/Entschlüsselungsgerät (106), einen Schlüsselgenerator (108), einen Speicherbereich aus einem oder mehreren Speichern (101, 102, 103, 104) mit wahlfreiem Zugriff, einen als EEPROM ausgeführten Algorithmenspeicher (105), eine Schnittstelle zum Feldgerät (109), einen Generator echter Zufallsbits (107), eine Quantenschlüsselverteilungseinheit QKD (112) mit Schnittstellen für Lichtwellenleiter (113) sowie einen Mikroprozessor mit Systemuhr (111) enthält (vgl. Abbildung 1 und 2).

Die notwendigen echten Zufallszahlen bzw. -bits werden von einer Verschaltung der Ausgangssignale mehrerer Signalgeneratoren erzeugt, von denen einer ein chaosbasierter Chua-Schaltkreis ist. Ein solcher Schaltkreis erzeugt einen sogenannten „Seltsamen Attraktor", welcher als Signal genutzt werden kann. Die entsprechende Signalüberlagerung führt zu statistischem Rauschen, aus dem entweder direkt Zufallsbits entnommen werden können, oder das zur Erhöhung der Konfusion und Diffusion als Abtastsignal einer natürlichen Rauschquelle verwendet wird.

Die Kryptomodule übernehmen als Netzknoten die gesamte Kommunikation im Netz und sind untereinander durch zwei Leitungen verbunden: Zum einen durch den Feldbus (205) zur Kommunikation der Prozessdaten und zum anderen durch den Lichtwellenleiter (206), über den die zeitliche Synchronisierung erfolgt und kryptographische Daten und die Zufallsbits quantenphysikalisch übermittelt werden.

Da mit Laserdioden arbeitende Lichtwellenleitersysteme in der Lage sind, durch Modenmodifikation unterschiedliche Kanäle gleichzeitig im Lichtwellenleiter zu nutzen, können sowohl quantenphysikalisch als auch nicht-quantenphysi-

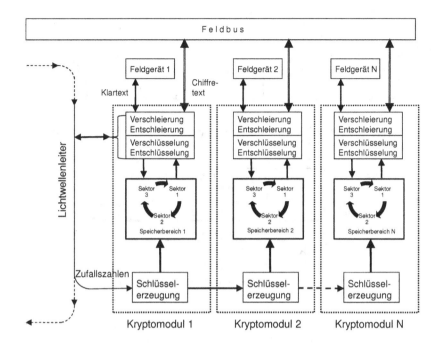

Abb. 1. Ablauf des Verfahrens

kalisch erzeugte Daten über einen einzigen Lichtwellenleiter auf unterschiedlichen Kanälen gesendet werden.

3 Inbetriebnahmemodus; Initialisierung des Automatisierungssystems und Schlüsselgenerierung

Neu eingeschaltete Kryptomodule (202, 203, 204) befinden sich im *Inbetriebnah-memodus* und die Speicher (101, 102, 103, 104) aller dieser Knoten sind dann leer (vgl. Abbildung 2). Lediglich das Betriebssystem und die Programme in den Algorithmenspeichern sind fest und auslesesicher implementiert. Der Verbindungsaufbau für den Versand der Zufallsbits vom Leitknoten zu den Kryptomodulen erfolgt als 3-Wege-Verfahren. Dabei senden bei der Erstinbetriebnahme die Kryptomodule aller Teilnehmer bzw. das Kryptomodul eines neu aufzunehmenden Teilnehmers im laufenden Betrieb der Anlage eine Anfrage an den Leitknoten und fordern dort durch einen Protokollbefehl echte Zufallsbits sowie die Systemzeit an. Der Leitknoten antwortet und meldet die Bereitschaft zur Aufnahme. Die Kryptomodule quittieren den Empfang der Aufnahmebereitschaft.

Der Leitknoten startet daraufhin die Synchronisierung der Systemzeit, erzeugt die Zufallsbits Z_k und verteilt sie quantenphysikalisch über den Lichtwellenleiter (206) an die jeweiligen Kryptomodule (202, 203, 204). Der Index k

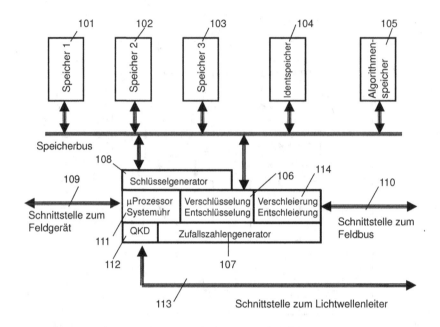

Abb. 2. Aufbau eines Kryptomoduls

bezeichnet dabei die Reihenfolge, in der die Zufallsbits von den empfangenden Kryptomodulen verarbeitet werden müssen.

Weiterhin teilt der Leitknoten allen Kryptomodulen die Gesamtzahl N der im Netz vorhandenen Kryptomodule mit und weist jedem Kryptomodul eine Ordnungsnummer N_m aufsteigend von $m = 1$ bis N zu. Das Kryptomodul des Leitknotens erhält immer die Ordnungsnummer N_0. In jedem Kryptomodul (202, 203, 204) werden dann die vorhandenen und ausreichend dimensionierten Speicher (101, 102, 103) in so viele Speicherbereiche S_N eingeteilt, wie Kryptomodule im Netz vorhanden sind. Diese Speicherbereiche werden nochmals in je drei gleichgroße Sektoren unterteilt.

Mit den übertragenen Zufallsbits Z_k erzeugen dann die Kryptomodule Kommunikationsschlüssel K_{k_j} nach einem durch den Leitknoten zufällig ausgewählten, für alle Kryptomodule identischen und im Algorithmenspeicher (105) vorgehaltenen Algorithmus j und schreiben diese in die vorbereiteten sektorisierten Speicherbereiche der Speicher (101, 102, 103) und in den Identspeicher (104), so dass anschließend die einander entsprechenden Speicherbereiche sowie die Identspeicher aller Kryptomodule identischen Inhalt aufweisen.

Die vorgenommene Organisation der Speicher führt zwar dazu, dass alle Kryptomodule identische Informationen über die vorhandenen Schlüssel besitzen. Jedes Kryptomodul verwendet jedoch individuell für die Verschlüsselung der eigenen Daten ausschließlich und eineindeutig den Speicherbereich mit genau den drei Sektoren, der seiner Ordnungsnummer entspricht. Für jedes Kryptomodul N_m ist das der Speicherbereich S_m. Die anderen Bereiche dienen ausschließlich

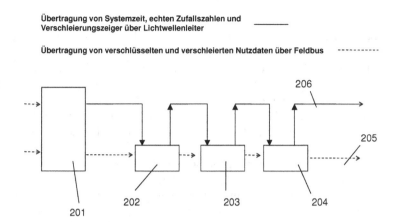

Abb. 3. Anbindung der Kryptomodule durch Lichtwellenleiter

der Entschlüsselung der von den jeweils anderen Kryptomodulen verschickten Daten (vgl. Abbildung 4).

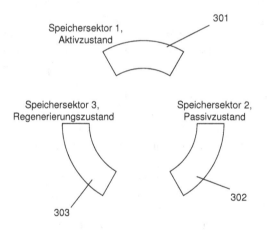

Abb. 4. Initialisierungsphase

Jeder individuell genutzte Speicherbereich besteht aus genau drei Sektoren, beziffert mit 1, 2 und 3 (vgl. Abbildung 4). Jeder dieser Sektoren (301, 302, 303) kann sich in genau einem Betriebszustand befinden. Im Aktivzustand (A) befindet sich ein mit Schlüsseln gefüllter und aktiv arbeitender Sektor, ein weiterer im Passivzustand (P) befindlicher Sektor ist ebenfalls mit Schlüsseln gefüllt und so vorbereitet, dass bei Bedarf umgeschaltet und sofort Schlüssel entnommen werden können. Durch den laufenden Betrieb werden aus dem jeweils im Aktivzustand befindlichen Sektor Schlüssel entnommen. In diesem Sektor stehen wegen der Einmalverwendung der Schlüssel immer weniger ungebrauchte Schlüssel bereit. Daher ist ein Regenerierungszustand (R) notwendig, in dem der zuletzt sich im Aktivzustand befunden habende Sektor mit neuen Schlüsseln befüllt wird. Durch ein Ablaufprogramm mit entsprechenden Verriegelungen wird erreicht, dass sich nur ein Sektor immer in der gleichen Reihenfolge in genau einem der drei Zustände befinden kann.

Nach der Initialisierung durch den Inbetriebnahmemodus steht Sektor 1 im Zustand A (aktiv), Sektor 2 im Zustand P (passiv) und Sektor 3 im Zustand R (regenerieren).

Zur Bestätigung, dass alle Kryptomodule die gleichen Zufallsbits erhalten und daraus an den entsprechenden Speicherplätzen identische Schlüssel erzeugt haben, fragt der Leitknoten verschlüsselt zufällig ausgewählte Speicherplätze ab und vergleicht diese mit den entsprechenden Speicherplätzen des eigenen Kryptomoduls. Ist die Schlüsselabfrage erfolgreich, startet der Leitknoten den im Folgenden beschriebenen *Betriebsmodus*.

3.1   Betriebsmodus; Verschlüsselung und Verschleierung der Daten

Je ein Kryptomodul wird je einem der im Automatisierungsnetz eingesetzten Geräte vorgeschaltet. Die Geräte selbst erzeugen und verarbeiten fortlaufend Prozessdaten. Von den Geräten abgehende Daten werden über die Schnittstelle (109) an das Kryptomodul übergeben, dort mit einem Zeitstempel versehen und mit einem zufällig aus dem individuell zugehörenden Speicherbereich entnommenen Schlüssel verschlüsselt, zur Erhöhung der Konfusion und Diffusion verschleiert und anschließend über die Schnittstelle (110) an den Feldbus übergeben und verschickt. Die Verschleierung macht die Information unkenntlich, so dass sie nicht auf den ersten Blick erkennbar ist.

Mittels mehrerer von im Zufallsbitgenerator des Kryptomoduls erzeugter Zufallsbits werden die für die Verschlüsselung notwendigen Schlüssel zufällig aus dem jeweiligen im Aktivzustand befindlichen Sektor ausgewählt. Die Speicherplatzadresse des Schlüssels und die Nummer des verwendeten Sektors werden mit dem Paket der Nutzdaten verschleiert übertragen. Die zufällige Auswahl des Speicherplatzes dient ebenso wie die Verschleierung der Daten der kryptographischen Konfusion und Diffusion.

Zur Umsetzung des Konzepts der Einmalverschlüsselung muss durch geeignete Mechanismen sichergestellt sein, dass jeder Schlüssel vom jeweiligen Kryptomodul nur einmal verwendet werden kann. Zum Beispiel kann durch Setzen eines Merkers angezeigt werden, dass die jeweilige Adresse für die Verschlüsselung verwendet wurde und somit nicht mehr zur Verfügung steht.

Nach einem definierten Zeitintervall gibt der Leitknoten einen Umschaltbefehl, durch den die Zustände der Sektoren „im Kreis" gewechselt werden (vgl. Abbildung 5 und 6).

Der bisher im Passivzustand P stehende Sektor 2 geht in den Aktivzustand A (302), der regenerierte Sektor 3 geht in den Passivzustand P als neuer passiv bereiter Sektor (303) über und der zuletzt im Aktivzustand A befindliche Sektor 1 wird im Regenerierungszustand R mit neuen Schlüsseln geladen (301). Nach

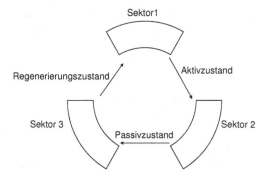

Abb. 5. Funktionsweitergabe

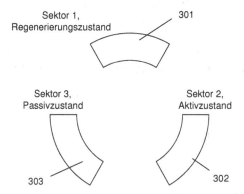

Abb. 6. Betriebsphase mit neuen Funktionen

erneutem Ablauf des definierten Zeitintervalls gibt der Leitknoten wieder den Umschaltbefehl zum erneuten Zustandswechsel.

Die Verschleierung erfolgt nach [10] durch zufallsbestimmte Zerstückelung von Bytes in kleinere Bitfolgen, die dann jeweils mit Zufallsbits zu ganzen Bytes aufgefüllt werden. So entstandene Bytes enthalten also eine zufällig bestimmte Zahl von Datenbits und eine auf Acht zu ergänzende Anzahl Zufallsbits.

Der vom Zufallsgenerator des Kryptomoduls lokal nach jedem Paket neu generierte Verschleierungszeiger wird nicht in das zu übertragende Paket der Nutzdaten integriert, sondern in einer separaten Nachricht über den Lichtwellenleiter an den Empfänger verschickt.

Es existieren damit zwei unterschiedliche, gleichzeitig verschickte und zueinander gehörende Partnerpakete auf den beiden unterschiedlichen Übertragungswegen:

– Ein Paket P_{Fs}, das über den Feldbus übertragen wird und im Klartext Start- und Zieladresse und den Zeitstempel, verschleiert die Bezeichnung der verwendeten Schlüsselspeicherplätze sowie verschlüsselt und verschleiert die Nutzdaten enthält, sowie

– ein zweites Paket P_{Ls}, das zwar mittels der Quantenschlüsselverteilungseinheit, aber nicht quantenphysikalisch über den Lichtwellenleiter übertragen wird und im Klartext den Verschleierungszeiger, die Absende- und Empfangsadresse und verschleiert den Zeitstempel enthält.

Die Verbindungsglieder und eindeutigen Zuordnungsmerkmale der Partnerpakete sind also die Absende- und Empfangsadresse sowie der Zeitstempel (vgl. Abbildung 3).

Die Verschleierung des Zeitstempels verhindert die offensichtliche Verbindung zueinander gehörender Partnerpakete. Potentielle Angreifer können aus der Adressenzuordnung lediglich den Absende- und Zielort identifizieren. Es kann aber nicht festgestellt werden, welche Partnerpakete miteinander verbunden sind.

Beide Pakete werden dem gleichen Empfänger zugestellt und dort zunächst zwischengespeichert. Paket P_{Ls} wird mit Hilfe des mitversandten Verschleierungszeigers als erstes entschleiert und legt den Zeitstempel offen. Durch den offengelegten Zeitstempel wird das Partnerpaket P_{Fs} identifiziert und kann mit dem Verschleierungszeiger entschleiert und anschließend mit den offengelegten Schlüsselspeicherplätzen vollständig entschlüsselt werden. Die dann als Klartext vorliegenden Prozessdaten werden zur Weiterverarbeitung an das automatisierungstechnische Gerät weitergegeben.

Literaturverzeichnis

'1. Die Lage der IT-Sicherheit in Deutschland. Bundesamt für Sicherheit in der Informationstechnik, Bonn, 2005/2007/2009.
2. Klasen, Fritjof; Straßer, Wolfgang: IT-Sicherheit muss übergreifend ansetzen. In *Intelligenter produzieren*. VDMA-Verlag, Frankfurt, Ausgabe 5/2008.
3. Spiegel Online: Angriff auf Irans Atomprogramm - Stuxnet könnte tausend Uran-Zentrifugen zerstört haben. 26. Dezember 2010
4. New York Times: Israel Tests on Worm Called Crucial in Iran Nuclear Delay. vom 15. Januar 2011; abgerufen 16. Januar 2011
5. Falliere, Nicolas; Murchu, Liam O.; Chien, Eric: Symantec Security response W32.Stuxnet dossier. Version 1.3 November 2010.
http://www.symantec.com/content/en/us/enterprise/media/security_response/whitepapers/w32_stuxnet_dossier.pdf, 25.11.2010.
6. Miller, Michael: *Symmetrische Verschlüsselungsmethoden*. Teubner Verlag, Wiesbaden, 2003.
7. Swoboda, Joachim; Spitz, Stephan; Pramateftakis, Michael: *Kryptographie und IT-Sicherheit*. Vieweg+Teubner Verlag, Wiesbaden, 2008.
8. Schreiner, Sebastian: *Freiraumoptische Quantenkryptographie*. Diplomarbeit im Fachbereich Physik der Ludwig-Maximilians-Universität, München, 2007.
http://xqp.physik.uni-muenchen.de/publications/files/theses_diplom/diplom_schreiner.pdf
9. Schleupner, Linus: *Umstellung eines Feldbusses für den Maschinenbau auf Ethernet/IP unter Wahrung von Echtzeit und Sicherheit*. Masterarbeit am Fachbereich Elektro- und Informationstechnik, FernUniversität in Hagen, 2008.
10. Halang, Wolfgang A.: *Verschlüsselung binärer Daten*. Patentschrift Nummer DE 10 2005 006 713.1.

An AUTOSAR-compatible microkernel for systems with safety-relevant components

David Haworth

Elektrobit Automotive GmbH
Am Wolfsmantel 46
91058 Erlangen, Germany
david.haworth@elektrobit.com

Abstract. The integration of safety-relevant software and software developed to normal quality standards in the same embedded system needs a protection mechanism to ensure that the safety-relevant software cannot be adversely affected by failures in the rest the system. The protection mechanism is usually assumed to be provided by the "system software", which implies that the system software must be developed to the same exacting standards as the safety-relevant software. In the AUTOSAR model that may not be possible in practice.

This article explores ways of isolating the safety-relevant software from the bulk of the AUTOSAR system software while retaining the core functionality needed by the system software and the components that run under it.

1 Introduction

Developing software to the rigorous standards required for safety-relevant systems is costly and time-consuming. Standards such as ISO26262 [1], as used in the automotive domain, demand that rigorous procedures be applied to the development of all software that could interfere with the safety-relevant functions of an electronic control unit (ECU). These procedures apply to all phases of development, from the definition of requirements through design, implementation, test, verification and final assessment. In practice, it may not be possible to develop a full system to these standards within reasonable timescales.

An approach that is commonly used in many fields is to isolate software components from each other. By means of the isolation, a failing component is prevented from interfering with the behaviour of other components. Interference can be detected and appropriate action can be taken. The action taken depends on the required availability of the systems. The entire system can be switched into a safe state, or an attempt can be made to restart the failed component if its operation is a necessary part of the safe state of the system. This approach is known as providing "freedom from interference" for the safety-relevant components.

Interference can occur in three domains: the time domain, the communication domain and the data processing domain.

W.A. Halang (ed.), *Herausforderungen durch Echtzeitbetrieb*, Informatik aktuell,
DOI 10.1007/978-3-642-24658-6_2, © Springer-Verlag Berlin Heidelberg 2012

Interference in the time domain, such as safety-relevant functions being blocked by faulty software, can be detected by means of a hardware watchdog, perhaps with software extensions.

Interference in the communication domain, whether caused by outside interference or faulty software, can be detected by the use of error-detecting codes such as cyclic redundancy checks.

Interference in the data processing domain occurs when faulty software inadvertently interferes with the processing of safety-relevant functions. Interference can be caused by modification of data while in storage, by modification of variables during processing or by directly affecting the flow of processing.

2 The AUTOSAR Standard

AUTOSAR is establishing itself as the standard for an off-the-shelf "core" software used for ECUs in the automotive field.

In the AUTOSAR model, the Operating System module (OS [2]), the "Basic Software" (BSW [3]) and the "Run-Time Environment" (RTE [4]) are combined to form a standard set of modules that can be configured as required for each ECU. The OS provides priority control of tasks and interrupt service routines (ISRs) as well as timing functions using counters, alarms and schedule tables. The BSW includes device drivers, communications stacks, storage management etc. The RTE presents a middleware-like port-based communication interface to "Software Components"

The Software Components are the software modules that perform the required functionality of the ECU. Some of the Software Components may have safety-relevant functions. In the layered architecture model [5] defined by the AUTOSAR standard, the OS, the BSW and the RTE are all assumed to run with the same trusted privilege level because they need access to hardware peripheral devices. The Software Components are gathered together into groups called "OS-Applications". which can be trusted or non-trusted.

3 Practical Solutions

On many modern microcontrollers it is not necessary to have the highest privilege level in order to access hardware peripherals. On processors like some of the Power Architecture derivatives, peripherals can be configured to allow access from software running in user mode. On others, like Infineon's Tricore range, there is an intermediate privilege level that permits peripheral access while still preventing access to core registers that control the access rights.

On these microcontrollers it is possible to use the AUTOSAR OS module to isolate the BSW, the RTE and the Software Components from each other. Ideally all the BSW, RTE and Software Components run as non-trusted applications. Using this model reduces the amount of software that must be rigorously developed to just the OS plus those portions of the RTE that run alongside the safety-relevant software components.

There remains the problem of the OS module. A complete AUTOSAR OS module is still uncomfortably large. The standard specifies several types of non-executable objects as well as executable objects: tasks, ISRs and hook functions. Each of the executable objects has different characteristics and a traditional design for an embedded operating system typically implements them all in different ways for reasons of efficiency.

An analysis was undertaken to determine whether it would be feasible to implement a smaller module that could be used to isolate the OS from the software components. In the first phase of the project the failure modes of an existing AUTOSAR OS module were studied to determine the types of failure that could be induced in safety-relevant software components if there was an undetected fault in the OS. A complete failure modes and effects analysis for the OS would be too large to discuss here, but some of the most significant failure modes found were:

- Failure to restore a task's working registers correctly after an interrupt or preemption. This could result in a task's temporary variables becoming corrupted and an incorrect result being computed from correct input data.
- Failure to restore a task's program counter correctly after an interrupt or preemption. Large errors here would probably be detected, but small changes would cause a task to omit or repeat a few instructions. The effect could be the same as an error in the working registers, but could result in a task omitting safety measures that it should perform.
- Failure to observe task priority rules. Implicit critical sections could be occupied simultaneously by two or more tasks and stack sharing by tasks would not be reliable.
- Failure to disable interrupts when requested by a task. Explicit critical sections could be occupied simultaneously by two or more tasks.

The second phase of the project attempted to identify methods of detecting the effects of faults in the OS and protecting software components from those effects. During the analysis several possible solutions to this problem were considered; these potential solutions are described in detail in the following sections.

3.1   Data integrity based on error-detecting codes

The integrity of safety-relevant data could be verified numerically using methids that are common in communication protocols. One problem with this approach is that the overhead of the data verification increases with the volume of data. The volume of data in a typical communication message is small compared with the data set for a complex computation. Calculating an error-detecting code for a large data set before and after each iteration of the computation could be prohibitive.

Another problem with this approach is that the data-integrity module would need to be integrated with the software component, thus increasing the complexity of the software component slightly. Such an integration would have to be done separately for each software component.

A third problem with this approach is that while the computation is in progress all interruptions and preemptions need to be disabled. This is because an error in the OS or in another task could cause a variable to change its value unexpectedly and thus cause the algorithm to produce incorrect results. Disabling interrupts might mean that higher-priority activities fail to run on time, which might provoke instabilities elsewhere.

3.2   Data integrity using stand-alone memory protection

The integrity of safety-relevant data could be assured by using a stand-alone memory protection module. The problems with this approach are the same as the approach using error detecting codes, as described above, with the exception of the overhead of numerical verification.

3.3   Adding high-integrity drivers to a standard OS

High-integrity drivers for the memory protection hardware could be added to a standard OS. The drivers would prevent the OS (and the other tasks and ISRs) from being able to modify the stored variables belonging to safety-relevant components. At first glance this might seem to be a viable solution, but the OS is still responsible for the safe keeping of the register values of any task that gets interrupted. Unexpected modification could cause an interrupted algorithm to produce incorrect results.

All interrupts would have to be disabled to prevent this possibility. Such a solution would have the overheads of an OS with memory protection, but would not have the multi-tasking benefits of the OS during the safety-relevant computations.

3.4   A minimal high-integrity context switch

One very interesting possibility that was considered was the development of an outer "wrapper" for the OS. This outer wrapper would replace the context switch in a standard OS with a high-integrity version and would implement the memory protection drivers. Access to the memory regions belonging to the tasks (including their stacks and saved register content) would be disabled while the OS is running. In this model the standard OS is responsible for selecting which task should run, but the mechanism of switching to the task is controlled by the high-integrity software.

The cost in CPU time to switch the memory protection mapping for every call to an OS service and back again when returning to the caller could be prohibitive on some architectures. Furthermore, AUTOSAR applications typically rely on the mutual exclusivity of tasks to avoid explicit locking of critical sections. If correct prioritisation were not guaranteed, explicit locking would be needed, with the accompanying overhead. Stack sharing among mutually exclusive tasks would also be unsafe.

To summarise: this approach would provide all the required protection, but with extra CPU time overhead for every OS call and an increased RAM footprint.

3.5   A full implementation of the AUTOSAR OS standard

A full implementation of AUTOSAR OS has the memory protection features common in other operating systems that are often used as means to prevent interference between software components. The AUTOSAR OS module is clearly intended to provide the protection mechanisms and would in fact do so. The only problem is the development time and cost.

A full AUTOSAR-OS implementation includes all the counter, alarm and schedule table drivers along with global time synchronisation. The software associated with this is at least as large as the task and ISR management. In addition, there is timing protection using execution-time budgets and rate limits to guarantee schedulability. Unfortunately, the use of this method is not well understood; simpler deadline-based timing protection appears to be preferred.

3.6   A minimal operating system kernel

It should be possible to specify a subset of the AUTOSAR-OS standard that provides the essential features within acceptable cost and time budgets. The subset would have to provide the management of executable objects. Such a minimal operating system kernel would provide freedom from interference for all the executable objects under its control, including many features of the standard OS as well as the BSW, RTE and all the software components configured by the system designed.

In fact, such an approach looks very similar to the classical microkernel concept. The analysis concluded that this approach would provide a usable product, the development of which was still achievable within acceptable timescale and cost limits.

4   Design of the AUTOSAR-compatible Microkernel

From the outset, it was decided that simplicity of design should be paramount to minimise the size of the microkernel. Reducing the size reduces the development effort and reduces the possibility that a latent error could affect the safety of the system. Where strict conformance with the AUTOSAR specification would add complexity in the form of special cases or extra checks at runtime, the AUTOSAR requirement should be rejected, or relegated to a set of additional checks that are present only during development.

It was decided that the microkernel should retain as little state information as possible. The state of an object is not necessarily stored directly but must often be inferred from the microkernel's state variables. This has the advantages of eliminating multiple state variables and possible conflicts between them. The cost of computing the state of an object is increased, but is offset by the savings of not maintaining that state, and the cost only occurs at the place where the state is requested.

Finally, it was decided that all code, including the microkernel and other code running in supervisor mode, shall run with memory protection enabled and with the memory protection boundaries set as tightly as possible. This decision means that there is no longer a concept of "absolute trust"; the access rights for every piece of software must be specified explicitly.

4.1 Threads

An AUTOSAR-OS must be able to manage executing instances of tasks subject to the prioritisation requirements specified by AUTOSAR.

The abstract concept of a "thread" as an active instance of a task was developed. A thread queue, consisting of a singly-linked list in order of descending priority, allows the highest priority thread to be determined readily. A thread is inserted before the first thread whose priority is strictly lower than the thread being inserted. The correct position is found using a linear search from the queue head. This insertion algorithm provides the first-in, first-out sequence for tasks of equal priority, as required by AUTOSAR.

In general, removing a thread from the queue also requires a search, but in most cases a thread terminates itself and at that time it is at the head of the queue. A doubly-linked list might be considered for the purpose of eliminating the search when terminating another thread, but that normally only happens under error conditions, so the overhead of maintaining the backward links would probably outweigh the savings.

The microkernel maintains a variable containing a reference to the head of the thread queue. It also maintains a variable containing a reference to the current thread. While a thread is executing on the processor the current thread and the head of the thread queue are the same, but while the microkernel is executing this condition might no longer hold.

Threads typically run in a low-privilege mode of the processor, so services of the microkernel must be called by means of a system call trap.

Given a suitable range of priorities, the other executable objects required by AUTOSAR (ISRs and hook functions) can be implemented using threads too. Thus we have a simple non-reentrant structure: the processor is executing either the microkernel or a thread. The transition from thread to microkernel is by means of a hardware trap. The transition from microkernel to thread is by means of a return-from-trap instruction.

Each thread has its own interrupt locking level, which is written to the interrupt controller whenever the thread becomes active. The level is related to the priority. Using the locking level, ISR threads can guarantee correct nesting, and resources can be shared with ISRs as well as tasks.

A microkernel design that allocated a thread from a pool on demand was considered but rejected in favour of the static configuration policy of AUTOSAR under which a thread is assigned to each task at compile time.

AUTOSAR's concept of multiple activations would result in a task having as many threads as its activation limit, which would need a lot of memory. Instead, it was decided to add a job queue in the form of a ring-buffer to each thread, and to place subsequent activations of a task into the queue. On termination of a thread, the next job in the queue gets activated. To preserve the correct order of execution, if there is a thread with a job queue, all tasks with the same priority must use that thread.

4.2 Microkernel structure

The transition from thread to microkernel occurs in the following cases:

- A peripheral device interrupts the processor.
- A processor exception occurs, such as a memory protection or unknown instruction trap.
- A system request is made; this is a special case of a processor exception.

All of these cases are similar, differing only in hardware-specific details. The flow of control in the kernel is depicted in figure 1.

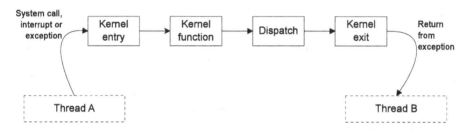

Fig. 1. Microkernel control flow

The *kernel entry* routine saves the processor registers then calls the function responsible for handling the request. To simplify the microkernel code (and especially the low-level assembly language part) it is assumed that there is always a thread running, and the microkernel saves the complete processor state at each entry point. The processor state is stored in a structure in the microkernel's space so that the microkernel does not need write access to every thread's stack and does not need to check the validity of the stack pointer.

The *kernel function* performs all internal activities necessary to handle the request. This may result in changes to the thread queue, but not to the current thread variable.

The *dispatcher* selects the most eligible thread and changes the states of the outgoing and incoming threads.

The *kernel exit* routine resumes the new current thread from its previously-saved or newly-initialised state. The same state is saved at every entry point, so the exit routine does not need to determine how the kernel was entered.

The microkernel is not reentrant. This means that the size of the microkernel's stack can be easily calculated. The disadvantage is that an exception that occurs in the microkernel cannot be handled completely and the only available actions are to shutdown or reset the system.

4.3   Interrupts

When an interrupt occurs and is accepted by the microkernel, the microkernel identifies the interrupt source and calls a configurable function. For AUTOSAR ISRs, the function is a microkernel function that starts a thread for the ISR.

It is recognised that activating an ISR is a very large overhead, especially when the ISR does little more than acknowledge the hardware and activate a task. Therefore it was decided to add the possibility of specifying a user-defined function to be called in place of the microkernel function that starts the ISR thread. This function is not permitted to use the AUTOSAR services, but can call a small set of the microkernel's internal functions to perform actions such as activating tasks. These user-defined interrupt handler functions must be developed to the same standards as those required of the microkernel.

4.4   Resources and interrupt locks

AUTOSAR resources are implemented by raising and lowering the thread's current priority. An interrupt locking level is associated with each resource to permit ISRs to use resources as well as tasks. Each resource has a nesting counter, permitting the same resource to be acquired multiple times by the same thread, up to a predefined limit. The resource is finally released when the nesting counter returns to zero. This extension permits the interrupt locking services to be implemented in terms of resources, thus avoiding the necessity to implement special functionality. Standard AUTOSAR resources have a nesting limit of 1.

In addition to standard resources, AUTOSAR specifies linked resources and internal resources. Linked resources are implemented using multiple resources at the same priority. Internal resources are not present as resources in the microkernel. They are implemented by raising a thread's priority to a higher level when it first gains the processor. The thread's priority remains at that level or higher until it terminates, calls Schedule() or waits for an event. Non-preemptive tasks can be considered to use an internal resource whose priority is at least as high as the highest-priority task.

4.5   Counters and related services

The AUTOSAR counter, alarm and schedule table objects are implemented using code from an existing AUTOSAR OS, referred to here as the QM-OS, that was not developed using safety standards. To prevent faults in the QM-OS from causing interference the thread abstraction is used. The microkernel provides system calls that each starts a function from the QM-OS in a configured thread. The parameters for the QM-OS function are preloaded into the appropriate registers when activating the thread. The return value of the function is passed back through the microkernel to the original caller. The QM-OS thread runs at a higher priority than the calling thread to guarantee that the QM-OS thread completes before the calling thread continues. To simplify the configuration, two QM-OS threads are available. One is set at a priority higher than the scheduler priority but lower than ISRs, while the second is set at a priority higher than all the category 2 ISRs.

The configuration of the QM-OS puts pointers to the functions that it provides in its own "system-call" table. For correct operation the function pointers must be in the correct places in the table, but from a safety viewpoint the correctness is not relevant. The microkernel starts a thread with the parameters that it is given and passes back the results. If the QM-OS function violates protection boundaries, the fault is handled just like any other AUTOSAR-OS protection fault. If the QM-OS thread gets terminated the caller is notified.

One problem with the thread mechanism is that some AUTOSAR services return a status code and place the requested information into a referenced variable. The memory protection prevents this from being possible in the QM-OS threads – indeed, it prevents the microkernel from using this mechanism as well. The adopted solution is to return the value in a register. In the first version the requested data replaces the status code. Future versions will use two and maybe more registers, along with structure return values and perhaps a little extra assembler code. The requested data is placed into the referenced variable in a library function that runs in the thread of the caller and therefore with the same protection boundaries. There is no need for a software boundary check on the reference parameters.

4.6   Events

An implementation of the AUTOSAR event mechanism in the QM-OS would have been possible but it was decided to implement it in the microkernel. One reason is that the mechanism is used extensively by the RTE, so performance is important. Another reason is that some microkernel support would be needed anyway, to awaken a task from the waiting state. The QM-OS part of the mechanism would be fairly small.

Events can only be used by tasks that are configured for the purpose. A task that is waiting for an event is detached from its thread, but remains active and can only be awakened by SetEvent().

4.7   Hook functions

The startup, shutdown, error and protection hook functions, as defined by the AUTOSAR standard, are started in threads with suitably-chosen priorities. Parameters are pre-loaded into the thread's register storage and, in the case of the protection hook, the return value on termination is retrieved and acted upon. In the first version of the microkernel, the only action available is to shut down. A wider range of actions is envisaged for the future.

4.8   The thread/kernel interface

The interface between the code running in threads (the "user" code) and the microkernel is the system-call mechanism of the processor. A C-compatible interface library is provided by the microkernel. This usually consists of a set of small assembly-language functions that execute a system-call instruction, leaving the parameters intact in their registers. The kernel entry routine saves all the processor registers, so the parameters are available inside the system-call handling functions without having to pass them explicitly as function parameters. On exit from the microkernel the instruction after the system-call is executed; this is normally a return-from-subroutine instruction. This mechanism assumes a processor that passes parameters in registers, but this is normally true for processors used in embedded systems.

Library functions, written in C, are provided where necessary to translate the microkernel's register-based return-value mechanism into the standard AUTOSAR referenced variable mechanism. In some cases the C library function need not make a system call at all; for example, GetEvent() can read the pending events for a task without having to enter the microkernel.

All of these library functions run on the thread's side of the thread/kernel interface and are therefore subject to the same memory protection boundaries as the caller. This means that range checking for reference parameters is unnecessary. The library functions are nevertheless developed to the same standards as the microkernel and can be used from safety-relevant threads.

There are some functions in the QM-OS that are directly called. These functions are not safe to be called from safety-relevant threads, but the necessity to do so is not envisaged.

5   Conclusion

A prototype AUTOSAR-compatible microkernel has been developed to the outline design described in this paper. The prototype is being used in a real development project alongside a standard AUTOSAR core, including the counter-related features from a standard OS module. Early indications show that the performance of the microkernel itself is comparable with a standard OS and that the counter-related features, while slower, still show acceptable performance.

Work is underway to formalise the design and development of the microkernel. Estimates based on the size of the prototype indicate that the development should be achievable by a small team within reasonable time constraints.

References

1. ISO/DIS 26262 *Road vehicles – Functional safety* 2009 (draft) International Standards Organization
2. AUTOSAR *Specification of Operating System* v3.1.1 2009,
   http://autosar.org/download/R3.1/AUTOSAR_SWS_OS.pdf
3. AUTOSAR *List of BSW Modules* v1.3.0 2009,
   http://autosar.org/download/R3.1/AUTOSAR_BasicSoftwareModules.pdf
4. AUTOSAR *Specification of RTE* v2.3.0 2010,
   http://autosar.org/download/R3.1/AUTOSAR_SWS_RTE.pdf
5. AUTOSAR *Layered Software Architecture* v2.2.2 2008, http://autosar.org/download/R3.1/AUTOSAR_LayeredSoftwareArchitecture.pdf

Integration zukünftiger In-Car-Multimediasysteme unter Verwendung von Virtualisierung und Multi-Core-Plattformen

Sergio Vergata, Andreas Knirsch und Joachim Wietzke

In-Car Multimedia Labs,
Fachbereich Informatik der Hochschule Darmstadt
{sergio.vergata, andreas.knirsch, joachim.wietzke}@h-da.de

Zusammenfassung. Aktuelle In-Car-Multimediaplattformen werden in hoher Arbeitsteilung entwickelt. Diese Multi-Komponenten-Softwaresysteme müssen aufgrund steigender Komplexität mit immer höherem Aufwand integriert werden. Moderne Prozessorarchitekturen und Virtualisierung bieten die Basis für eine unerwartete Lösung.
Es wird eine Systemarchitektur vorgestellt, die den Integrationsprozess vereinfacht und es ermöglicht, zeit- und eventgesteuerte Funktionen auf einer Hardwareplattform zu vereinen. Der Integrator benötigt keine detaillierten Kenntnisse über die Interna der einzelnen Softwarekomponenten, um diese in zukünftige Systeme zu integrieren, was hier besonders das zeitliche Verhalten betrifft.

1 Einführung

Ein aktuelles Automobil bietet seinen Insassen umfangreiche Funktionalitäten an. Dabei hat der Anteil der Software in den vergangenen Jahren sicher die größte Wachstumsdynamik erfahren.

Die Hersteller stehen unter dem Druck, mit den wachsenden Benutzeranforderungen schrittzuhalten, um ihre Marktposition zu sichern. Treiber dieser Anforderungen sind nicht zuletzt aktuelle Trends aus dem Bereich der Consumer Electronics, welche sich besonders auf die Infotainment Systeme auswirken. Solche In-Car Multimedia (ICM) Systeme machen mit etwa 20 MLOC (Millionen Zeilen Quellcode) bereits ein Fünftel des gesamten Software Volumens in aktuellen Fahrzeugen aus.

In einem repräsentativen Entwicklungsprojekt, in welches wir im Rahmen unserer Forschungsarbeit Einblick hatten, arbeiteten 9 verschiedene Unternehmen verteilt auf 15 internationale Standorte mit insgesamt über 235 Softwareingenieuren parallel an der Entwicklung von SW-Einzelkomponenten und brachten hierfür ihr Domänenwissen ein.

Diese Komponenten stellen dabei unterschiedlichste Funktionalitäten zur Verfügung, welche in ihrer Komplexität ständig wachsen aber trotzdem interagieren müssen. Eines der Unternehmen hatte bei diesem Projekt die Rolle des systemverantwortlichen Integrators, der alle zugelieferten Komponenten zu einem System zusammenfügt.

W.A. Halang (ed.), *Herausforderungen durch Echtzeitbetrieb*, Informatik aktuell,
DOI 10.1007/978-3-642-24658-6_3, © Springer-Verlag Berlin Heidelberg 2012

Eine Systemgeneration wird im Schnitt 10 Millionen Mal produziert und muss nach End-Of-Production weitere 10-15 Jahre gewartet werden können. Der Integrator steht deshalb vor der Aufgabe, die zugelieferten funktional voneinander abhängigen Software Komponenten so zu integrieren, dass das ICM System in großer Stückzahl über viele Jahre zuverlässig in der sicherheitsrelevanten Umgebung Automobil funktioniert. Die Architektur solcher Systeme wird damit zu einer Schlüsselrolle [2].

Im Entwicklungsprozess angewandte Software Engineering Methoden bieten nur eingeschränkt Unterstützung. Architektonische Designkonzepte wie Anwendungsfälle, Komponenten und Module helfen zwar die System-Komplexität zu abstrahieren, jedoch sind diese auf die Ebene der Implementierung zu transportieren, in der Threads priorisiert und Scheduling Strategien angewendet werden müssen, um das gewünschte Zeitverhalten des Gesamtsystems zu realisieren [13]. Entsprechende Methoden und Werkzeuge sind Gegenstand aktueller Forschung [5].

2   Problemstellung

In der Vergangenheit wurden unterschiedliche Funktionen auf voneinander unabhängiger Hardware implementiert. Durch den Kostendruck werden die Komponenten von ICM Systemen heute auf eine gemeinsamen Hardware Plattform hochintegriert. Unterschiedliche Domänen müssen nun um gemeinsame Ressourcen wie CPU-Zeit, Speicher und I/O konkurrieren. Mit steigender Anzahl von Prozessen muss das Zeitverhalten der umgesetzten Funktionen aufwändig geplant werden [2]. In dem o.g. Entwicklungsprojekt konkurrierten ca. 300 Prozesse und ca. 700 Threads, welche unterschiedliche Prioritäten und Schedulingstrategien (z.B. RR, FIFO) nutzen. Deutlich mehr als 1000 dokumentierte Systemprobleme mussten in dem oben genannten Projekt behoben werden, die aus Performance- oder Prioritätenproblemen resultierten. Die Kombination der Anforderungen von Echtzeitdomänen, wie beispielsweise Telefonie und Feldbussysteme einerseits, rechenintensive Domänen wie Navigation andererseits, erfordern von dieser Architektur eine besondere Beachtung. Die hohe Arbeitsteilung und die verwendeten SW-Plattformen/Frameworks wirken sich auf die Kompatibilität der zu integrierenden Software Komponenten aus, was auch für das zeitliche Verhalten des Gesamtsystems gilt.

Mit wachsenden Anforderungen an die Funktionalität, steigender Komplexität und ohne Möglichkeiten, die von den Komponentenentwicklern zugelieferte Software selbst zu verändern (oder auch nur einzusehen) gestaltet sich die Lösung der Integrationsaufgabe immer schwieriger. Bei diesen sehr komplexen und hochintegrierten Systemen ist die Entwicklung sehr abstimmungsintensiv und der Integrationsaufwand nicht mehr planbar.

Um die dargestellten Probleme zu lösen und den steigenden unterschiedlichen Anforderungen an ICM Systeme gerecht zu werden, ist eine neue Systemarchitektur notwendig, welche Tier-1 Zulieferern/Integratoren die Möglichkeit bietet, das Verteilen und Zuweisen von Ressourcen auf Komponenten zu ermöglicht, ohne diese zu modifizieren.

3   Virtuelle Multi-Core-Architektur

Die oben beschriebenen Probleme zeigen, dass für zukünftige Systeme eine Architektur erforderlich ist, die es dem Integrator ermöglicht, Ressourcen gemäß der gestellten Anforderungen auf die einzelnen Komponenten aufzuteilen.

Ein ICM System kann in verschiedene *System Domains* (SD) unterteilt werden: Betriebssystem, Treiber, Applikationslogik und Benutzerschnittstelle. Diese benötigen unterschiedliche Zugriffe auf Hardware und haben auch unterschiedliche Anforderungen an Systemressourcen. Besonderes Augenmerk gilt hierbei den zugelieferten SD, da Zulieferer keine speziellen Anpassungen Ihrer Software an die Konzepte des Integrators umsetzen, sondern lediglich Kommunikationskanäle mit deren vorgegebenen Spezifikationen (Frameworks) einhalten.

Aktuelle Automobile Hardwareplattformen bieten erstmals die Möglichkeit, hardwareunterstützte Virtualisierung zu nutzen [11]. Dies stellt die Basis für die hier vorgestellte Architektur, in welcher ein Betriebssystem-gestützter Virtual Machine Monitor (VMM) zum Einsatz kommt [12]. Dieser Voll-Virtualisierer nutzt die von dieser Plattform zur Verfügung gestellten Erweiterungen, um die nötige Virtuelle Maschinen (VM) Infrastruktur für die SDs zu schaffen.

Das Host-Betriebssystem (HOS) stellt die zu nutzenden Treiber und Sicherheitszonen für zeitkritische Applikationen zur Verfügung [15]. Dies hat den entscheidenden Vorteil, dass diese einen direkten Zugriff auf die genutzte Hardware haben und die zeitkritischen Anwendungen direkt mit dem HOS interagieren können. Gleichzeitig bietet das HOS die Basis für den VMM (vgl. Abbildung 1).

Konfigurationszugriff auf diesen VMM und die damit verbundene Kontrolle unterliegt dem Integrator. Dies gibt ihm die Möglichkeit, für jede spezifizierte SD eine VM zu erstellen und entsprechende Ressourcen zuzuweisen.

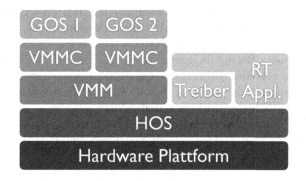

Abb. 1. Darstellung der VMMC Architektur

Zu den Aufgaben des VMM gehört das Erstellen und Verwalten der Virtualisierungskontexte einschließlich Virtual Machines Control Structure (VMCS) [10]. Jede VM kann mit mehreren virtuellen Prozessoren ausgestattet werden, um Parallelität entsprechend den jeweiligen Anforderungen bereit zu stellen und somit virtuelle Multi-Core (MC) Plattfomen zu schaffen. Dies stellt das zentrale Konzept der Plattform Architektur dar und wird im folgenden als *Virtual Machine Multi Core* (VMMC) Architektur bezeichnet.

Für jede Virtuelle Maschine (VM bzw. VMMC) wird ein eigenes Betriebssystem, ein sogenanntes Guest Operating System (GOS), genutzt. Dies schafft Flexibilität für die aufgeteilten SDs.

Hierdurch wird für die Entwickler Aufwand für die Abstimmung von Prioritäten und Schedulingverfahren vermieden. Da sich die jeweilige SD innerhalb einer Gast Umgebung befindet, wird das Risiko von Einflüssen auf andere SDs reduziert, welche auch das zeitliche Verhalten betreffen.

Um die Kommunikation mit den anderen SDs zu ermöglichen, kann der VMM jeder VM einen Zugriff auf einen vorher spezifizierten gemeinsamen Speicher (Shared Memory (SHM)) zur Verfügung stellen. Dies schafft effiziente Kommunikationskanäle zwischen allen SDs.

4   Anwendung der VMMC als Plattform

Im Folgenden wird dargestellt, wie die Applikationslogik einer SD strukturiert wird. Die vorgestellte VMMC Architektur stellt hierzu den Unterbau.

Bei der Strukturierung eines Systems kann die Funktionalität mit Hilfe von Software Engineering Methoden in fein granulare Aufgaben zerlegt werden. Diese werden auf der Ebene des OS als Threads abstrahiert und können unter Berücksichtigung ihrer Eigenschaften gruppiert werden. Wenn Fremd- oder Legacy-Software in ein Gesamtsystem integriert werden sollen, sind die Gruppierungen weniger von den Eigenschaften der Tasks, als vielmehr durch die organisatorische Umgebung vorgegeben. Diese Gruppierungen werden hier als *Execution Domains* (ED) bezeichnet.

Die Leistungsfähigkeit eines Systems hängt neben der Prozessorleistung in hohem Maße von der Nutzung effizienter Kommunikationsmittel und schnellen Speicherzugriff ab. Aus diesem Grund kommt eine SHM basierte Interprozesskommunikation (IPC) zum Einsatz. MC Architekturen bieten aufgrund ihres gemeinsamen Speichers und kohärenten Caches eine geeignete Plattform. Gleichzeitig ist es mit einem Betriebssystem möglich, die rechenbereiten Tasks auf die Prozessorkerne zu verteilen (Symmetrisches Multiprozessorsystem). Die Zuweisung der Aufgaben an die einzelnen Kerne wird, unter Berücksichtigung von Prioritäten hinsichtlich der zeitlichen Reihenfolge, üblicherweise mittels Lastverteilung gelöst. Die Verteilung ist nicht vorhersagbar.

Um EDs vorhersagbar und statisch zu separieren, sind folgende Bedingungen zu erfüllen:

– Tasks (und Gruppen von Tasks) können an vordefinierte Kerne (und Gruppen von Kernen) gebunden werden.

– Diese Bindung wird an dynamisch neu erstellte Tasks vererbt.
– Der Scheduler ermöglicht eine parallele Verarbeitung von Tasks, welche mit unterschiedlichen Prioritäten auf unterschiedlichen Kernen definiert sind.

Die Basistechnologie für die Umsetzung heißt *Thread Affinity*, welche es ermöglicht, Kerne mittels Bit-Masken zu adressieren [8,9]. Damit kann der Scheduler angewiesen werden, einen bestimmten Task nur noch auf die Kerne zu verteilen, welche der zuvor definierten Bit-Maske entsprechen. So wird neben der Reihenfolge auch der Kern, auf dem ein Task verarbeitet werden soll, definierbar.

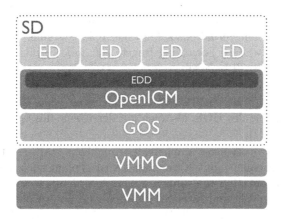

Abb. 2. SD basierend auf OpenICM mit VMMC

Dieser Ansatz wurde zur Überprüfung in ein in den In-Car Multimedia Labs der Hochschule Darmstadt entwickeltes Framework (OpenICM) für eingebettete Systeme integriert um diesen zu überprüfen [4,16] (vgl. Abbildung 2):

Das statische Zuweisen von Tasks zu Kernen erscheint dabei für die Anwendungs-Entwickler transparent (die API bleibt unverändert), wobei die Zuweisung ausschließlich durch den Integrator anhand einer *Execution Domain Definition* (EDD) festgelegt wird. Dieser ist über das Adaptieren des Schedulers in der Lage, EDs zu definieren, welche bestimmten Kernen statisch zugeordnet sind. Damit können Softwarekomponenten anhand Ihrer Funktionalität, Anwendungsfälle, gegenseitiger Abhängigkeiten oder Zulieferer gruppiert und separiert werden, ohne dass diese sich in Ihrem Zeitverhalten aufgrund von konfliktbehafteter Priorisierung zur Laufzeit gegenseitig negativ beeinflussen [6]. So wird das Laufzeitverhalten des Systems vorhersagbarer und stabiler.

Komponenten verhalten sich bei entsprechender Konfiguration zeitlich vergleichbar zu einer Verarbeitung auf einer verteilten Hardware-Architektur, so wie dies in der Vergangenheit war (jedoch ohne mehrere Gehäuse, Spannungsversorgungen, etc.). Ebenfalls ist es möglich, bei günstig partitionierten und konfigurierten EDs, über eine Verbesserung der Cache Performanz die Latenzen beim Speicherzugriff zu reduzieren [14].

Fehler breiten sich nicht notwendigerweise über die Grenzen eines Kerns bzw. einer definierten Gruppe von Kernen aus. Abhängig von der Implementierung ist es möglich, auf Fehler, welche nur einen Teil der Kerne (und damit EDs innerhalb einer SD) betreffen, zu reagieren [1]. Weiter ermöglicht das Framework Komponenten zu integrieren, welche nicht für eine parallele Verarbeitung entwickelt wurden, indem diese fest auf einen Kern gebunden werden.

5 Ausblick

Die hier vorgestellte Architektur gibt Integratoren erweiterte Möglichkeiten zur Kontrolle des zeitlichen Verhaltens zukünftiger ICM Systeme. Weiter stellt diese die Grundlage für weitere Forschungsfragen auf, mit welchen sich die In-Car Multimedia Labs aktuell befassen.

In diesem Zusammenhang ist beispielsweise die Kontrolle der gemeinsamen Nutzung von Ressourcen von Bedeutung, welche bei einer VMMC Plattform sowohl auf der Ebene des HOS, als auch auf der Ebene des GOS notwendig ist (vgl. Abbildung 2) [7].

Die derzeitige prototypische Implementierung der VMMC setzt als Plattform für HOS und GOS einen Linux Kernel ein. Es ist geplant auch andere Betriebssysteme wie QNX als GOS zu evaluieren. Darüber hinaus werden effiziente Mechanismen zur Inter-ED und Inter-SD Kommunikation erprobt. Entsprechende Forschungsergebnisse werden in die Weiterentwicklung des OpenICM Framework einfließen.

Als erweiterter Ansatz wird aktuell erforscht, ausgewählte EDs netzgestützt außerhalb des Fahrzeugs zu betreiben [3].

6 Zusammenfassung

Die Anwendung einer „Divide & Conquer" Strategie im Automobilen Sektor ist nicht neu. Dieses Vorgehen wird auch bei der Softwareentwicklung von hochintegrierten ICM Systemen angewendet. Diese werden in großer Stückzahl gefertigt und müssen über viele Jahre zuverlässig in einem sicherheitsrelevanten Umfeld funktionieren. Die hohe Arbeitsteilung wirkt sich dabei negativ auf die Kompatibilität der zu integrierenden Software Komponenten aus, was auch für das zeitliche Verhalten des Gesamtsystems gilt. Tier-1 Zulieferer/Integratoren stehen vor der Aufgabe, die unabhängig voneinander entwickelten Software Artefakte zu einem homogenen System zusammenzufügen.

Es wurde ein Architekturvorschlag entwickelt und dargestellt, welcher virtuelle Multi-Core Plattformen nutzt, um hochintegrierte ICM Systeme zu strukturieren. Dieser ermöglicht es, einzelne Komponenten auf einer gemeinsam genutzten physikalischen Plattform so zu separieren, dass zeitliche Anforderungen vorhersagbar erfüllt werden können.

Gleichzeitig stellt dieser Vorschlag über einen gemeinsamen Speicher effiziente Kommunikationskanäle zur Verfügung. Der Applikations-Entwickler wird in seinen Freiheiten nicht beeinträchtigt. Der Integrator hat dabei die Flexibilität, eine beliebige Anzahl von Komponenten mit Hilfe der eingeführten SDs und EDs zu strukturieren, ohne dass diese angepasst werden müssen.

Die VMMC Architektur trägt dazu bei, den Integrationsprozess planbarer zu machen und gleichzeitig zeitliche Anforderungen an die Software Komponenten des Zielsystems erfüllen zu können. Durch die hier vorgeschlagene Architektur wird eine Lösung angeboten, mit welcher zukünftige ICM Großprojekte mit zunehmender Systemkomplexität noch realisierbar sein werden.

Literaturverzeichnis

1. N Aggarwal, P Ranganathan, NP Jouppi, and JE Smith. Configurable isolation: building high availability systems with commodity multi-core processors. In *Proceedings of the 34th Annual International Symposium on Computer Architecture*, pages 470–481, New York, NY, USA, June 2007. ACM.
2. Manfred Broy, Günter Reichart, and Lutz Rothhardt. Architekturen softwarebasierter Funktionen im Fahrzeug: von den Anforderungen zur Umsetzung. *Informatik-Spektrum*, 34:42–59, 2011. ISSN 0170-6012.
3. Markus Glaab, Woldemar Fuhrmann, and Joachim Wietzke. Entscheidungskriterien für die Verteilung zukünftiger automotiver Anwendungen im Kontext vernetzter Fahrzeuge. In *Mobilkommunikation Technologien und Anwendungen, Vorträge der 16. ITG-Fachtagung*, pages 149–154. ITG, VDE Verlag, 2011.
4. ICM labs. *OpenICM Framework*, August 2010. `http://fbi.h-da.de/~openicm`, Abruf: 18.04.2011.
5. Daniel Karlsson, Wendel Ramisch, and Stefan Kuntz. Use Case and Requirements Specification. Technical report, The TIMMO-2-USE Consortium, Deliverable D1, Version 1.0, 21.02.2011.
6. Andreas Knirsch, Joachim Wietzke, Ronald Moore, and Paul S. Dowland. An Approach for Structuring Heterogeneous Automotive Software Systems by use of Multicore Architectures. In *Proceedings of the Sixth Collaborative Research Symposium on Security, E-learning, Internet and Networking (SEIN 2010)*, pages 19–30, Plymouth, UK, 2010. ISBN 978-1-84102-269-7.
7. Andreas Knirsch, Joachim Wietzke, Ronald Moore, and Paul S. Dowland. Resource Management for Multicore Aware Software Architectures of In-Car Multimedia Systems. In *INFORMATIK 2011 - Informatik schafft Communities, 9. Workshop Automotive Softare Engineering*, GI-Edition - Lecture Notes in Informatics (LNI), 2011.
8. Robert Love. CPU Affinity. *Linux Journal*, Issue 111, July 2003.
9. Shiv Nagarajan and Vulpe Nicola. *Processor Affinity or Bound Multiprocessing? Easing the Migration to Embedded Multicore Processing.* QNX Software Systems, 175 Terence Matthews Crescent, Ottawa, Ontario, Canada, 2009.
10. Gil Neiger, Amy Santoni, Felix Leung, Dion Rodgers, and Rich Uhlig. Intel virtualization technology: Hardware support for efficient processor virtualization. Intel Technology Journal 10, Intel Corporation, 08 2006.
11. Paul Otellini. Intel developer forum san francisco opening keynote. Technical report, Intel, Version: 09 2009. `http://download.intel.com/pressroom/kits/events/idffall_2009/pdfs/Otellini_IDF_transcript.pdf`, Abruf: 18.02.2011.

12. Gerald J. Popek and Robert P. Goldberg. Formal requirements for virtualizable third generation architectures. *Commun. ACM*, 17:412–421, July 1974. ISSN 0001-0782.
13. Alberto Sangiovanni-Vincentelli and Marco Di Natale. Embedded system design for automotive applications. *Computer*, 40(10):42–51, 10 2007.
14. David Tam, Reza Azimi, and Michael Stumm. Thread Clustering: Sharing-Aware Scheduling on SMP-CMP-SMT Multiprocessors. In *Proceedings of the 2nd ACM SIGOPS/EuroSys European Conference on Computer Systems 2007*, pages 47–58. ACM New York, NY, USA, 2007.
15. Sergio Vergata, Joachim Wietzke, Alois Schütte, and Paul S. Dowland. System design for embedded automotive systems. In *Proceedings of the Sixth Collaborative Research Symposium on Security, E-learning, Internet and Networking (SEIN 2010)*, pages 53–60, 2010. ISBN 978-1-84102-269-7.
16. Wietzke, Joachim and Tran, Manh Tien. *Automotive Embedded Systeme: Effizientes Framework - Vom Design Zur Implementierung*. Springer, 2005. ISBN 1439-5428.

Modellbasierte Generierung statischer Schedules für sicherheitskritische, eingebettete Systeme mit Multicore-Prozessoren und harten Echtzeitanforderungen

Robert Hilbrich, J. Reinier van Kampenhout und Hans-Joachim Goltz

Fraunhofer-Institut für Rechnerarchitektur und Softwaretechnik FIRST
Kekuléstr. 7, 12489 Berlin
{robert.hilbrich,j.r.van.kampenhout,hans-joachim.goltz}@first.fraunhofer.de

Zusammenfassung. In dieser Arbeit wird anhand des neuen Werkzeugs PRECISION PRO das Potential der automatisierten Generierung von statischen Schedules für sicherheitskritische, eingebettete Systeme beschrieben. Dessen Erstellung ist häufig mit einem hohen manuellen Aufwand verbunden, da er von hoher Bedeutung für einen erfolgreichen Zertifizierungsprozess ist. Eine modellbasierte Generierung ermöglicht ein schnelles Feedback, eine frühe Bewertung der Hardware- und Softwarearchitekturen, sowie erweiterte Möglichkeiten zur Optimierung der Systemauslastung. Dabei ist immer sichergestellt, dass alle spezifizierten Anforderungen erfüllt sind.

1 Einführung

Software-intensive, eingebettete Systeme übernehmen heute viele zentrale Steuerfunktionen in zahlreichen Anwendungsbereichen. Besonders deutlich wird diese Entwicklung im Automotive-Bereich, wo die Bedeutung von Fahrerassistenzsystemen, wie prädiktiver Kollisionsvermeidung, adaptiver Geschwindigkeitsregelung und intelligenter Navigationsführung, signifikant zunimmt. Gartner Analysten prognostizieren den Anteil der Kosten für die Fahrzeugelektronik eines Neuwagens im Jahr 2018 auf etwa 30% [6]. Neben steigenden funktionalen Anforderungen, müssen diese Systeme auch den aktuellen Sicherheitsstandards und Zertifizierungsanforderungen gerecht werden, z.B. gegeben durch die ISO 61508, ISO 26262 oder DO-178B.

Insbesondere in sicherheitskritischen Bereichen mit hohem Gefährdungspotenzial für Mensch und Umwelt ist ein Höchstmaß an Zuverlässigkeit nötig. Für eine erfolgreiche Zertifizierung in den höchsten Sicherheitsstufen, z.B. DAL A im Luftfahrtbereich, muss das Verhalten sowohl einfacher, als auch hochkomplexer Systeme zu jedem Zeitpunkt der Laufzeit genau bekannt sein, so dass harte Echtzeitanforderungen nachweisbar erfüllt werden können.

Neben verschiedenen Hardware-Eigenschaften wird dies durch die Festlegung der Ablaufmuster von einzelnen Teilaufgaben – dem *Scheduling* des Echtzeit-Betriebssystems – bestimmt. Bei vielen Computeranwendungen, wie z.B. dem

W.A. Halang (ed.), *Herausforderungen durch Echtzeitbetrieb*, Informatik aktuell,
DOI 10.1007/978-3-642-24658-6_4, © Springer-Verlag Berlin Heidelberg 2012

Heim-PC, entscheidet der Nutzer spontan, welches Programm er nutzen möchte. Im Gegensatz dazu führen Systeme in sicherheitskritischen Bereichen geordnete und bereits zum Entwicklungszeitpunkt genau festgelegte Arbeitsschritte aus, deren Ausführung sich im Rahmen eines betrachteten Zeitfensters *kontinuierlich* wiederholt (das *Scheduling Intervall*).

2   Erstellung von statischen Schedules für Multicore-Prozessoren

Bei der Konstruktion eines festen Scheduling Intervalls wird oft noch manuell, z.B. mit Hilfe von Tabellenkalkulationsprogrammen, festgelegt, wann einzelne Applikationen ausgeführt werden sollen. Dabei stoßen die Entwickler schnell an ihre Grenzen, da sehr viele Variationsmöglichkeiten und Randbedingungen beachtet werden müssen.

Beispielsweise müssen bei der Erstellung unterschiedliche Periodenlängen von Applikationen, diverse Abhängigkeiten zwischen einzelnen Applikationen und auch deren Zugriffe auf externe Ressourcen, wie Kommunikationskanäle oder Aktuatoren, beachtet werden. Gleichzeitig sollte ein Prozessor einen Arbeitsschritt möglichst zusammenhängend bearbeiten können, um teure Umschaltzeiten zu vermeiden.

Während dies bei Single-Core Prozessoren noch weitgehend manuell durchgeführt werden konnte, fügt die Nutzung von Multi- und Manycore Prozessoren neue Freiheitsgrade bei der Erstellung eines Schedules hinzu, so dass die resultierende Komplexität des *Scheduling-Problems* für komplexe, eingebettete Systeme nicht mehr manuell zu bewältigen ist.

Die wichtigen Ziele im Engineering Prozess eines eingebetteten Systems: *optimale Ausnutzung der vorhanden Ressourcen* und *korrektes Echtzeitverhalten* lassen sich durch manuelle Planungsverfahren nicht mehr mit vertretbarem Aufwand erreichen. Gleichzeitig schränkt der hohe Planungsaufwand aber auch die Flexibilität der Softwareentwickler ein. Für sie sind die Auswirkungen von Änderungen an der eigenen Softwarekomponenten auf das Echtzeitverhalten des Gesamtsystem nur schwer überschaubar. Größere Änderungen sind wegen des Zeitaufwands für Umplanungen häufig unmöglich.

3   Modellbasierte Generierung von statischen Schedules – *Correctness by Construction*

Im Rahmen aktueller Arbeiten wird für diese Problematik ein Generator für statische Schedules von periodischer Anwendungen auf sicherheitskritischen, eingebetteten Systemen entwickelt: *PRECISION PRO*.

Als Eingabe benötigt der Generator:

- das *Hardware-Angebot* – ein vereinfachtes Modell der zur Verfügung stehenden Hardware-Architektur

- die *Software-Anforderungen* – Ausführungseigenschaften der Applikationen, wie Worst-Case Execution Time, Periode, Abhängigkeiten zu anderen Applikationen, ...
- ein *feste Zuordnung* von Applikationen zu Prozessoren.

Damit ist das Werkzeug in der Lage, einen statischen Schedule zur Entwicklungszeit zu generieren, der alle geforderten Bedingungen *by construction* erfüllt, oder bei Nicht-Erfüllbarkeit eine Fehlermeldung zurückgibt. Im Vergleich zu anderen Werkzeugen im Bereich Echtzeit-Scheduling (siehe [3]), adressiert PRECISION PRO das Scheduling Problem mit Hilfe von speziellen Heuristiken *direkt* und *konstruiert* einen Schedule, der die gewünschten Anforderungen zeigt.

Klassische Ansätze beschränken sich entweder auf die Analyse eines erstellten Schedules oder können nur einfache Scheduling-Probleme lösen. PRECISION PRO bietet zudem die Möglichkeit zur Modellierung von speziellen Ressourcen (zum Beispiel die Netzwerkbandbreite eines Kommunikationsbusses im System), so dass Schedules generiert werden können, die eine Ressourcenüberlastung von vornherein vermeiden. Der grundlegende Ansatz zur Modellierung von Scheduling-Problemen ist detaillierter im Abschnitt 4 beschrieben.

Mit Hilfe eines statischen Schedules kann ein deterministisches Echtzeitverhalten des Gesamtsystems – insbesondere bei Multicore Prozessoren – erreicht werden, da eine nicht-deterministische Auflösung von Ressourcenkonflikten zur Laufzeit bereits a-priori im Entwicklungsprozess verhindert wurde. In [5] wurden diese Konflikte auch als *Interference Channels* bezeichnet. Mit einer entsprechenden Modellierung in PRECISION PRO können diese nicht-deterministischen *Interferences* bereits zur Entwicklungszeit vermieden werden. Dies führt zu einer global synchronisierten Ausführung aller Applikationen auf einem Multicore Prozessor.

Statische Schedules bieten ein hohes Maß an Vorhersagbarkeit und Determinismus des resultierenden Systemverhaltens, so dass auf den Einsatz von Scheduling-Analysewerkzeugen zum Nachweis zeitlicher Eigenschaften für eine Zertifizierung verzichtet werden kann. Gleichzeitig reduziert die Festschreibung eines Ausführungsplans aber auch die Flexibilität im Entwicklungsprozess und schränkt auch den Umgang mit Event-getriebenen Funktionen ein. Änderungen am Zeitverhalten einzelner Softwarekomponenten führen meist auch zu aufwändigen Änderungen am statischen Schedule, so dass die Auswirkungen kleiner Änderungen oft nicht unmittelbar bestimmt und evaluiert werden können. Der Preis einer hohen Vorhersagbarkeit des Systemverhaltens äußert sich zur Laufzeit im Fehlen von umfangreichen Möglichkeiten zur Adaption beim Eintreffen von unvorhergesehenen Ereignissen. Dynamische Schedules bieten hier mehr Flexibilität. In [7] werden verschiedene Scheduling Algorithmen für den Einsatz in sicherheitskritischen Systemen analysiert. [4] diskutiert den Trade-Off zwischen Flexibilität und Determinismus beim Scheduling.

Einen interessanten Mittelweg im Konflikt zwischen Determinismus und Flexibilität stellen die *Mode-basierten* statischen Schedules dar (zum Beispiel für die Avionik in [2] spezifiziert). Für unterschiedliche Betriebsmodi eines Gerätes werden unterschiedliche statische Schedules a priori generiert. Zur Laufzeit kann dann *dynamisch* von einem Modus in einen anderen gewechselt werden, so dass eine Anpassung des Ausführungsplans an die veränderten Umgebungsbedingungen zur *Laufzeit* möglich ist.

Die strukturellen Nachteile eines statischen Schedules, also die fehlende Flexibilität zur Laufzeit, können durch unser Werkzeug PRECISION PRO nicht beseitigt werden. Durch eine modellbasierte Generierung können aber die Aufwände bei der Erstellung und Wartung von umfangreichen Schedules signifikant reduziert werden, so dass die Entwicklungsprozesse durch schnellere Iterationen und unmittelbares Feedback auf Änderungen in der Software profitieren können. Für die Konstruktion eines statischen Schedules mit einem Intervall von 2000 ms für 30 Anwendungen werden nur wenige Minuten auf einem aktuellem PC benötigt. Eine effiziente Konstruktion bietet damit das Potential, den Integrationsprozess komplexer Systeme signifikant zu verbessern. Das resultierende Systemverhalten von unterschiedliche Zeitkontingenten für verschiedene Applikationen kann bereits am Anfang des Entwicklungsprozesses simuliert und unter verschiedenen Gesichtspunkten optimiert werden.

Ein korrektes Timing-Design und eine optimierte Ressourcenauslegung eines komplexen Systemen sind damit nicht mehr *nur* das Ergebnis von Erfahrungen des Systemarchitekten aus vorangegangenen Projekten, sondern das Resultat der Konstruktion eines *korrekten* Designs unter Einbeziehung zeitlicher Anforderungen, das im Laufe der Entwicklung schrittweise durch genauere Feststellung des Zeitverhaltens der einzelnen Applikationen auf der Hardware präzisiert werden kann.

4   Modellierung eines Scheduling-Problems

Bei der Modellierung eines Scheduling Problems in PRECISION PRO orientieren wir uns an der Terminologie im Bereich der Avionik [1]. Diese ist als Überblick in Abbildung 1 dargestellt. Eine *Applikation* besteht dabei aus mindestens einer *Partition*. Jede Partition enthält mindestens einen (potentiell nebenläufigen) *Prozess*, der eine Funktion realisiert. Wir sehen einen Prozess als grundlegende *Ausführungseinheit*, die auf einem Core gestartet werden kann. Falls erforderlich, kann die Ausführung eines Prozesses geplant unterbrochen werden, so dass ein Prozess zur Laufzeit aus mehreren *Sices* bestehen kann.

4.1   Ein Beispielszenario

In diesem fiktiven Beispiel soll ein statischer Schedule für ein hypothetisches System (siehe Abbildung 2) entwickelt werden. Das System besteht aus zwei Prozessoren: einem Single-Core Prozessor *P.1* und einem Dual-Core Prozessor *P.2*. Beide Prozessoren sind miteinander über gemeinsam genutzten Speicher (*R.1*) verbunden. Dieser Speicher darf nur *exklusiv* von einem Prozessor pro Zeitslot verwendet werden.

Anwendung *A* liest Sensordaten ein und berechnet, ob bestimmte Aktuator-Aktionen notwendig sind. Anwendung *A* wird durch die Partition *A.1* implementiert, die fest dem Prozessor *P.1* zugeordnet ist. Die Partition *A.1* besteht

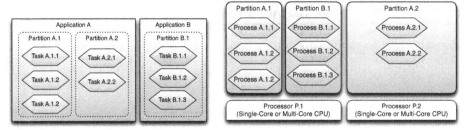

(a) Software Architektur (logische Sicht) (b) Abbildung der Software auf die Hardware

Abb. 1. Die Terminologie von PRECISION PRO.

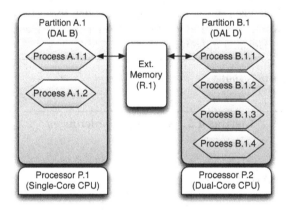

Abb. 2. Beispiel mit zwei Partitionen, sechs Prozessen, sowie einer externen Ressource

aus zwei Prozessen *A.1.1* und *A.1.2*. Ersterer holt die Sensordaten und stellt diese im Speicher *R.1* für andere Prozesse in anderen Partitionen zur Verfügung. Prozess *A.1.2* liest die neuen Sensordaten periodisch von *R.1* ein und führt die interne Auswertung der Daten durch.

Die Anwendung *B* besteht aus einer Partition (*B.1*), mit vier Prozessen *B.1.1* bis *B.1.4*. *B.1.1* holt die Daten aus *R.1* und stellt sie den Prozessen *B.1.2* bis *B.1.4* intern zur Verfügung. Die Partition *B.1* wird fest dem Dual-Core Prozessor *P.2* zugeordnet.

Weitere Echtzeitanforderungen sind in Tabelle 1 festgehalten.

Weiterhin gilt für dieses Beispiel:

– Immer wenn ein *Slicing* im Schedule auftritt, muss eine zusätzliche Verzögerung von 1 *ms* im statischen Schedule einkalkuliert werden, damit der Kontextwechsel durchgeführt werden kann.
– Hier genügt es, die Granularität des Schedules auf der Basis von 1 *ms* zu berechnen (*base scheduling unit*).

Tabelle 1. Weitere Echtzeitanforderungen

Prozess	WCET [ms]	Periode [ms]
A.1.1	5	20
A.1.2	10	40
B.1.1	5	20
B.1.2	11	20
B.1.3	7	40
B.1.4	3	20

4.2 Globale Anforderungen

Zunächst werden verschiedene globale Anforderungen des Schedules definiert. Dies betrifft die Wartezeiten bei *Slices*, die Länge der Hyperperiode und andere globale Eigenschaften. In dem Code-Beispiel 4.1 sind die Definitionen für das oben beschriebene Beispiel aufgeführt.

```
def_global
    scheduling_period(200),
    unit_based(1:ms),
    change_delay(1).
```

Listing 4.1. Globale Anforderungen

4.3 Hardware-Architektur

Die Architektur der Hardware wird abstrakt modelliert. *Cores* werden als generische Ausführungseinheiten angesehen, die pro Zeit nur einen Task ausführen können. Dieser Ansatz adressiert homogene Multicore Prozessoren mit konstanter Taktrate und vernachlässigt Aspekte wie *Pipelining* oder *Speculative Execution*. Auch die Speicherhierarchie ist nicht Bestandteil des Modells, sondern implizit in den Ausführungszeiten der verschiedenen Prozesse enthalten. Weiterhin wird auch eine *Uniform Memory Architecture* angenommen, d.h. die Ausführungszeiten und Speicherzugriffszeiten sind unabhängig von den Cores. In PRECISION PRO können Prozessor*systeme* beschrieben werden, die aus Single- und Multicore Prozessoren bestehen. Damit können auch Abhängigkeiten zwischen Prozessen definiert werden, die auf unterschiedlichen Prozessoren ausgeführt werden. Das Code-Beispiel 4.2 enthält die Modellierung der Hardware Architektur für das besprochene Beispiel.

```
def_processor
    id('P.1'),
    cores(1).

def_processor
    id('P.2'),
    cores(2).
```

Listing 4.2. Die Hardware Architektur

4.4   Anwendungen und ihre zeitlichen Eigenschaften

PRECISION PRO legt ein einfaches Prozess Modell zugrunde. Jedem Prozess werden zeitliche Eigenschaften bei der Ausführung auf der modellierten Hardware zugeordnet (siehe Abbildung 3). Prozesse werden als *synchron* mit vorher bekannter *Periode* angenommen.

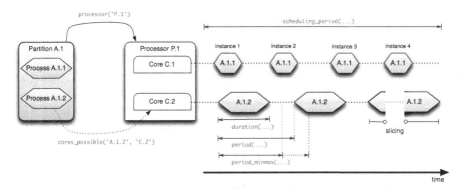

Abb. 3. Definition der Zuordnung von Partitionen zu Prozessoren und die Spezifikation von zeitlichen Anforderungen von Prozessen.

Die Spezifikation für die Partition *B.1* im Beispiel ist in Listing 4.3 dargestellt. Die Anzahl der parallelen Prozesse in einer Partition wird durch `parallel` konfiguriert. Zeitliche Anforderungen werden durch `duration` und `period` festgelegt. Falls diese Eigenschaften nicht für alle parallelen Prozesse gelten sollen, kann im ersten Argument die *Id* des gewünschten Prozesses angegeben werden.

```
def partition
  id('B.1'),
  parallel(4),
  duration(1, 5), duration(2, 11), duration(3, 7), duration(4, 3),
  period(20), period(3, 40).
```

Listing 4.3. Modellierung der Software

4.5   Externe Ressourcen

Die Modellierung des Zugriff auf gemeinsam genutzte Ressource, wie Netzwerk Bandbreite oder der Zugriff auf I/O Geräte, ist eine wichtige Eigenschaft von PRECISION PRO, um ein zertifizierbares, statisches Scheduling auf Multicore Prozessoren zu erreichen (siehe [5]). Gemeinsam genutzte Ressourcen werden als abstrakte *Container* mit einer definierten Kapazität modelliert. Mit einer Kapazität von 1 verhalten sie sich *exklusiv*, während eine größere Kapazität zu einem kumulativen Verhalten führt. Exklusive Ressourcen können den Zugriff auf I/O Geräte abbilden, die keinen Mehrfachzugriff unterstützen. Mit kumulativen

Ressourcen werden häufig eher Netzwerkbandbreiten modelliert und damit in die Erstellung eines Schedules einbezogen.

Im Quellcode-Beispiel 4.4 ist die Definition für die Ressource *R.1* angegeben. Die Kapazität wird mit `max` spezifiziert. In diesem Beispiel wird auch die Nutzung von *R.1* durch *A.1.1* und *B.1.1* angegeben.

```
def_resource
    id( 'R.1' ),
    max( 1 ).

def_partition
    id( 'A.1' ),
    resource( 1, 'R.1', 1 ),
    ...

def_partition
    id( 'B.1' ),
    resource( 1, 'R.1', 1 ),
    ...
```

Listing 4.4. Gemeinsam genutzte Ressourcen

4.6 Zuordnung der Software auf die Hardware

Die Suche nach einer korrekten und effizienten Zuordnung von Partitionen zu Prozessoren ist eine anspruchsvolle Aufgabe, die wesentlich die Suche nach gültigen Schedules beeinflusst. Aktuell muss die Zuordnung manuell vorgenommen werden (siehe Listing 4.5 für die Verteilung von Partition *A.1* auf Prozessor *P.1*), da neben kapazitiven Aspekte oft auch nicht-funktionale Aspekte bei der Verteilung von Funktionen eine große Rolle spielen. PRECISION PRO bietet allerdings eine automatische Verteilung von Prozessen einer Partition auf die Cores eines Prozessors an.

```
def_partition
    id( 'A.1' ),
    processor( 'P.1' ),
    ...
```

Listing 4.5. Verteilung der Software auf die Hardware

4.7 Ergebnis

Falls ein Schedule für die spezifizierten Anforderungen gefunden werden kann, wird dieser von PRECISION PRO in kurzer Zeit generiert – sogar für komplexe Systeme. Zur Generierung des Beispiels werden auf einem aktuellen PC etwa 1050 *ms* benötigt. Das Ergebnis wird graphisch in einer Benutzeroberfläche dargestellt (siehe Abbildung 4a). Abhängigkeiten zwischen Prozessen werden durch Linien gekennzeichnet. Auch die Zugriffmuster auf die gemeinsam genutzten Ressourcen werden dargestellt (siehe Abbildung 4b). Diese Scheduling-Informationen können exportiert werden und anschließend für die Konfiguration eines Echtzeit-Betriebssystems verwendet werden.

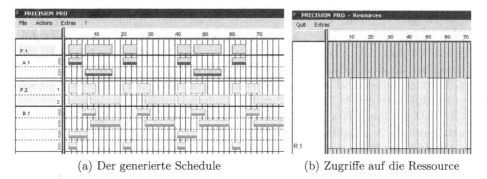

(a) Der generierte Schedule   (b) Zugriffe auf die Ressource

Abb. 4. Der erzeugte Schedule für das beschriebene Beispiel

5 Aktuelle Arbeiten: Generierung von hierarchischen Schedules im Automobilbereich

Im VirtuOS Projekt [8] untersuchen die Autoren die Einsatzmöglichkeiten von Virtualisierungstechnologien in sicherheitsrelevanten Anwendungsfällen anhand eines konkreten Fallbeispiels aus dem Automobil-Bereich. Angenommen wird die Nutzung des automotiven Betriebssystems *COQOS* auf einem *Instrument-Cluster* zur Integration von Infotainment Applikationen (*"car-apps"*) und sicherheitskritischen Automotive-Funktionen.

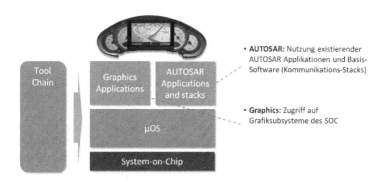

Abb. 5. Architektur der Fallstudie und wichtige Eigenschaften

Die Software-Architektur des *Instrument-Clusters* ist in Abbildung 5 dargestellt. Auf einer gemeinsamen Hardware-Plattform werden die verfügbaren Ressourcen mit Hilfe eines Mikrokernels in verschiedene Partitionen unterteilt. Die konfigurierten Partitionen sind dabei voneinander isoliert, so dass Fehler in einer Partitionen nicht die Ausführung von sicherheitskritischen Funktionen beeinflussen können.

Eine genaue Analyse der Architektur und der jeweiligen zeitlichen Anforderungen zeigt, dass der bisher präsentierte Ansatz zur Modellierung von Partitionen nicht ausreichend ist, um die zweistufige Scheduling-Hierarchie abzubilden. Die Infotainment Applikationen laufen in einer Partition, die insgesamt nur einen bestimmten Anteil der System-Ressourcen konsumieren darf. Diese Applikationen selbst sind jedoch nicht sicherheitskritisch und werden dynamisch gescheduled. In der AUTOSAR-Partition laufen ebenfalls verschiedene Prozesse (*AUTOSAR Runnables*), die jedoch harten Echtzeitanforderungen unterliegen und spezifizierte Deadlines zu erfüllen haben.

Aktuell arbeiten die Autoren daher an einer Erweiterung des beschriebenen Modellierungskonzeptes. Ziel ist es, die Erstellung von statischen Schedules zu ermöglichen, die sowohl eine feste Aufteilung der Systemressourcen sicherstellen, aber auch die Deadlines von Prozessen innerhalb einer Partition berücksichtigen. Gleichzeitig müssen auch die Umschaltzeiten zwischen den Partitionen minimiert werden, um den resultierenden Overhead zu reduzieren.

Danksagung

Teile dieser Arbeit wurden im Rahmen des VirtuOS Projektes erarbeitet. Das VirtuOS Projekt wird durch die TSB Technologiestiftung Berlin aus Mitteln des Zukunftsfonds des Landes Berlin gefördert, kofinanziert von der Europäischen Union – Europäischer Fonds für Regionale Entwicklung. Investition in Ihre Zukunft!

Literaturverzeichnis

1. ARINC. ARINC Specification 653P1-2: Avionics Application Software Standard Interface Part 1 - Required Services. Technical report, Aeronautical Radio Inc., Maryland, USA, December 2005.
2. ARINC. ARINC Specification 653P2-1: Avionics Application Software Standard Interface Part 2 - Extended Services. Technical report, Aeronautical Radio Inc., Maryland, USA, December 2008.
3. Vicent Brocaly, Miguel Masmanoy, Ismael Ripolly, Alfons Crespoy, Patricia Balbastrey, and Jean-Jacques Metge. Xoncrete: a scheduling tool for partitioned real-time systems. In *Proceedings of the Embedded Real Time Software and Systems Conference (ERTS² 2010)*, May 2010.
4. Gerhard Fohler. Flexible Reliable Timing - Real-Time vs. Reliability. In *Keynot Address, 10th European Workshop on Dependable Computing*, May 1999.
5. R. Fuchsen. How to address certification for multi-core based IMA platforms: Current status and potential solutions. In *Digital Avionics Systems Conference (DASC), 2010 IEEE/AIAA 29th*, pages 5.E.3–1 –5.E.3–11, oct. 2010.
6. Manne Kreuzer. Modellbasiert die Echtzeit im Griff. *Markt & Technik - die unabhängige Wochenzeitung*, Nr. 24:35, Jun 2011.
7. John Rushby. Partitioning in Avionics Architectures: Requirements, Mechanisms, and Assurance, 1999.
8. VirtuOS Project Summary. http://www.technologiestiftung-berlin.de/data/files/tsb-zukunftsfonds/VirtuOS__Web_.pdf, 2010.

Harte Echtzeit für Anwendungsprozesse in Standard-Betriebssystemen auf Mehrkernprozessoren

Georg Wassen, Stefan Lankes und Thomas Bemmerl

Lehrstuhl für Betriebssysteme
RWTH Aachen University, 52056 Aachen
{wassen,lankes,bemmerl}@lfbs.rwth-aachen.de

Zusammenfassung. Wir stellen einen neuen Ansatz vor, um harte Echtzeit-Tasks auf einem gewöhnlichen, unveränderten Betriebssystem auszuführen. Dieses Vorhaben kann durch Isolation eines einzelnen Prozesses auf einer CPU realisiert werden, indem alle Interrupts blockiert werden. Da Systemaufrufe ein unberechenbares zeitliches Verhalten verursachen, nutzen wir Kommunikation über gemeinsamen Speicher. Dadurch können Entwickler von Echtzeitsystemen von aktuellen Mehrkern-Prozessoren und Betriebssystemen profitieren, um Anwendungen mit Echtzeit-Tasks und hoher Rechenleistung auf marktgängiger Hardware zu realisieren.

1 Einleitung

Die Verbreitung von Mehrkernprozessoren ermöglicht neue Ansätze im Bereich der Echtzeitsysteme, zumal diese immer häufiger auf gewöhnlicher Hardware (Commercially Off-The-Shelf, COTS) basieren [1]. Da klassische Betriebssysteme (General-Purpose Operating System, GPOS) nicht für harte Echtzeit geeignet sind, müssen mehrprozessorfähige Echtzeitbetriebssysteme (Real-Time Operating System, RTOS) verwendet werden.

Das häufigste Modell ist Symmetrisches Multiprozessing (SMP, Abb. 1a), bei dem ein einzelnes Betriebssystem alle CPUs verwaltet. Klassische Betriebssysteme sind dabei für eine hohe Leistung optimiert und bieten eine faire Verteilung der Rechenleistung auf alle Prozesse. In Echtzeitsystemen ist jedoch ein berechenbares Verhalten wichtiger als höchstmögliche Geschwindigkeit. Häufig wird daher eine Verbesserung der Echtzeitfähigkeit eines vorhandenen Betriebssystems angestrebt. Übliche Änderungen sind verbesserte oder andere Planungsalgorithmen (Scheduling), Synchronisation mit feinerer Ganularität und Vermeidung der Prioritätsumkehr, präzisere Zeitverwaltung sowie andere Schnittstellenerweiterungen. Jedoch sind alle diese Ansätze alleine nicht für harte Echtzeit geeignet.

Obwohl es mehrprozessorfähige Echtzeit-Betriebssysteme wie QNX Neutrino[1] oder Wind River VxWorks[2] gibt, die den POSIX-Standard und die be-

---

[1] http://www.qnx.com/products/neutrino-rtos/neutrino-rtos.html
[2] http://www.windriver.com/products/vxworks/

W.A. Halang (ed.), *Herausforderungen durch Echtzeitbetrieb*, Informatik aktuell,
DOI 10.1007/978-3-642-24658-6_5, © Springer-Verlag Berlin Heidelberg 2012

kannten Schnittstellen der Standard C Bibliothek unterstützen, benötigen viele Anwendungen neben Echtzeit auch die Leistungsfähigkeit und Vielseitigkeit von modernen Betriebssystemen. Ein aktuelles Beispiel hierfür ist die Robotik [2]. Um die Vorteile von harter Echtzeit mit der Vielseitigkeit und Vertrautheit von verbreiteten modernen Betriebssystemen zu verbinden, existieren zwei Ansätze für Mehrprozessorsysteme: Subkernel und Asymmetrisches Multiprozessing (AMP). Ein Subkernel (Abb. 1b) abstrahiert Interrupts und führt ein klassisches Betriebssystem als Task mit niedrigster Priorität aus, wenn die Echtzeit-Aufgaben es zulassen. Das Echtzeitbetriebssystem kann hier als Mikrokernel oder Hypervisor betrachtet werden. Ähnlich funktioniert Asymmetrisches Multiprozessing (Abb. 1c), jedoch werden von einem Hypervisor oder einer Hardware-Abstraktion mehrere unabhängige Betriebssysteme in getrennten Partitionen ausgeführt. Um die Kommunikation zwischen diesen Partitionen zu ermöglichen, müssen die enthaltenen Betriebssysteme angepasst werden. Es ist also nicht möglich, diese Technik mit beliebigen Betriebssystemen zu realisieren. Unser Ansatz unterscheidet sich davon, indem wir ein unverändertes klassisches Betriebssystem verwenden und darin einen normalen Prozess modifizieren, um ihn isoliert auf einer CPU auszuführen, während alle anderen Prozesse ungestört auf den restlichen CPUs laufen (Abb. 1d).

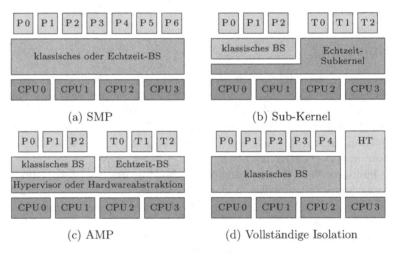

Abb. 1. Verschiedene Architekturen für Echtzeit auf Mehrprozessorsystemen

Diese Arbeit ist folgendermaßen aufgebaut: Im nächsten Abschnitt erklären wir die Motivation für unseren Vorschlag in Abgrenzung zu anderen Arbeiten. Abschnitt 3 erläutert verschiedene Methoden, um einen Prozess auf einer CPU zu isolieren. Im vierten Abschnitt zeigen wir, wie isolierte Prozesse mit anderen Prozessen kommunizieren können. Eine Beispielanwendung mit drei unterschiedlichen Partitionen wird in Abschnitt 5 vorgestellt. Abschnitt 6 enthält Messwerte, um die Leistungsfähigkeit der aktuellen Implementierung zu demonstrieren.

Abschließend fasst Abschnitt 7 die Arbeit zusammen und zeigt einen Ausblick auf weitere Verbesserungsmöglichkeiten.

2 Verwandte Arbeiten und Motivation

Im Bereich der Echtzeitsysteme gibt es viele Veröffentlichungen. Scordino und Lipari [3] geben einen Überblick und eine Klassifikation verschiedener Ansätze, den Linux-Kernel mit besserer Echtzeitfähigkeit auszustatten. Vaidehi und Nair [4] vergleichen verschiedene Ansätze für Mehrprozessorsysteme.

Um die Echtzeitfähigkeit von Linux zu verbessern, verfolgen mehrere Projekte verschiedene Ansätze. HYADES [5,12] und Xenomai[3] verfolgen den Subkernel-Ansatz. Um mit dem Subkernel zusammen zu arbeiten und Daten austauschen zu können, sind tiefgreifende Änderungen am Betriebssystem nötig. Die Projekte ARTiS [6,7], AIRS [8] und ASMP-Linux [9] modifizieren dagegen den Betriebssystemkern für besseres Echtzeitverhalten. Letzteres Projekt hat sehr ähnliche Ziele wie wir, benötigt jedoch weitgehende Eingriffe in den Quellcode des Kernels. Die abgeschirmten Prozesse von Brosky und Rotolo [10] sind ebenfalls sehr ähnlich, erfordern jedoch ein sehr stark verändertes Betriebssystem.

Im Rahmen dieser Arbeit wird *harte Echtzeit* im Sinne der Definition verwendet, dass eine Überschreitung der definierten Zeitgrenzen in keinem Fall akzeptabel ist. Die Einhaltung dieser Bedingung kann folglich nur durch formelle Analyse aller möglichen Codepfade bewiesen werden. Neben der Echtzeitanwendung müssen alle Programmteile, die um CPU-Zeit konkurrieren, berücksichtigt werden. Das gilt vor allem für Interrupt-Handler und Systemaufrufe mit allen Seiteneffekten im Betriebssystem. Diese Analyse ist für klassische Betriebssysteme so umfangreich, dass sie als nicht praktikabel betrachtet wird. Damit sind alle Ansätze im Bereich der Kernel-Änderungen für die strenge Definition der harten Echtzeit nicht geeignet.

Um nun eine portable Lösung – sowohl für verschiedene Versionen eines Betriebssystems als auch für verschiedene Betriebssysteme – zu finden, setzen wir ein unverändertes Betriebssystem ein. An kommerziellen Betriebssystemen sind Änderungen in der Regel nicht möglich, während die Anpassung eines Patches an immer neue Versionen im Open-Source-Bereich als zu aufwändig und damit zu teuer betrachtet wird.

Im Rahmen dieser Arbeit werden die Begriffe CPU und Prozessor synonym für eine physikalische Ausführungseinheit verwendet. Dies kann auch ein Kern eines Mehrkernprozessors sein. Gegenwärtig wird kein Hyper-Threading (Symmetrisches Multi-Threading, SMT) berücksichtigt, da diese virtuellen Prozessorkerne in Zeitscheiben auf einem physikalischen Prozessor ausgeführt werden und sich damit gegenseitig beeinflussen. Brosky und Rotolo (Abschnitt 5.2 in [10]) sowie Betti und andere (Abschnitt 6.2 in [9]) berichten von der gleichen Erfahrung. Da Hyper-Threading nicht von Software gesteuert werden kann, sollte dieses im Bereich der Echtzeit deaktiviert werden, so lange keine weiteren Forschungen eine genauere Abschätzung der gegenseitigen Beeinflussung erlauben.

---

[3] http://www.xenomai.org

3   Umsetzung der Isolation

Das vorgestellte Konzept ist übertragbar auf verschiedene Betriebssysteme. Wir haben uns für die Referenzimplementierung auf Linux entschieden, da dieses gut dokumentiert und der Quellcode verfügbar ist. Dabei verwenden wir die verbreitete x86-Architektur für 32 und 64 Bit.

3.1   Echtzeit-Methoden

Die folgenden Methoden sind in einer C-Bibliothek enthalten. Sie können für Testzwecke einzeln aktiviert werden. Alle Methoden erfordern Administrator-rechte.

Skalierung der CPU-Frequenz. Um Änderungen der CPU-Frequenz zu verhindern, wird die Energieverwaltung des Betriebssytems in den *Performance*-Modus geschaltet. Dadurch arbeiten alle CPUs dauerhaft mit maximaler Taktfrequenz.

Verhinderung der Seitenauslagerung. Im Falle von Speicherknappheit dürfen die Seiten von Echtzeitprozessen nicht auf Hintergrundspeicher ausgelagert werden. Dies ist eine grundlegende Einstellung für alle Echtzeitanwendungen.

Schedulingverfahren und -priorität. Die meisten klassischen Betriebssysteme unterstützen auch Echtzeit-Schedulingverfahren, bei denen der am höchsten priorisierte und zur Laufzeit bereite Echtzeitprozess ausgeführt wird. Dies ist nur für weiche Echtzeit geeignet, da Interrupts und Sperren im Betriebssystemkern zu unberechenbarer Laufzeit führen können.

CPU-Affinität. Für jeden Prozess kann eingestellt werden, auf welchen CPUs er ausgeführt werden darf. Neben besserer Cache-Nutzung kann die Isolation eines Prozesses erreicht werden, indem alle anderen Prozesse von dieser CPU ausgeschlossen werden.

CPU-Set. CPU-Sets sind eine Linux-Funktion, die die Definition von CPU-Partitionen erlaubt, denen dann Prozesse zugewiesen werden können. Echtzeitanwendungen können so einfach auf einer CPU von allen anderen Prozessen abgeschirmt werden, die folglich auf den übrigen CPUs ausgeführt werden.

Interrupt-Affinität. Vergleichbar zu den Prozessen können auch Hardware-Interrupts (IRQs) so eingestellt werden, dass sie nur an bestimmte CPUs geleitet werden. So ist sichergestellt, dass die Handler weiterhin ausgeführt werden. Auf Linux-Systemen muss der Prozess *irqbalance* beendet werden, da dieser die Affinität regelmäßig anpasst.

Interrupt-Flag. Mit Hilfe der Interrupt-Affinität werden nur die Hardware-Interrupts verhindert. Es gibt jedoch weiterhin den Scheduling-Interrupt, der vom *local APIC*, einer Funktionseinheit bei jeder CPU, erzeugt wird. Alle Interrupts können sicher blockiert werden, indem das Interrupt-Flag im *EFLAGS*-Register gelöscht wird. Mit Administratorrechten kann ein gewöhnlicher Prozess seine E/A-Rechte erhöhen und dann das Interrupt-Flag verändern.

Tabelle 1. Implementierte Methoden: Klassifikation der Portabilität

CPU-Frequenz	Linux API
Seitenauslagerung	POSIX
Scheduling	POSIX
CPU-Affinität	POSIX
CPU-Set	Linux API, alternativ CPU-Affinität
Interrupt-Affinität	Linux API, alternativ mit HW-Zugriff
Interrupt-Flag	direkter HW-Zugriff

Die Portabilität der Methoden wird in Tabelle 1 klassifiziert. Alle Methoden mit direktem Hardwarezugriff sind auf andere Betriebssysteme auf der gleichen Hardware portierbar. Auf anderen Architekturen existieren in der Regel vergleichbare Mechanismen. Die POSIX-Schnittstelle ist auf den meisten Betriebssystemen verfügbar, auf allen anderen sollten ähnliche Funktionen angeboten werden. Genauso verhält es sich mit der Linux-API: unter verschiedenen Versionen wird die API konstant gehalten, während andere Betriebssysteme ähnliche Schnittstellen anbieten. Die CPU-Frequenz bzw. die Energieverwaltung lässt sich in der Regel einfach ändern. Die CPU-Sets können auch mit Hilfe der CPU-Affinität realisiert werden. Die Affinität der Hardware-Interrupts kann notfalls durch direkten Hardware-Zugriff auf den *I/O APIC* beeinflusst werden.

3.2 Kombination der Methoden

Basierend auf den beschriebenen Methoden lassen sich an verschiedene Bedürfnisse angepasste Kombinationen bilden. Die CPU-Frequenz sollte immer fixiert werden. Die Verhinderung der Speicherauslagerung und die Auswahl von Echtzeit-Scheduling bilden die Basis für jede (weiche) Echtzeitanwendung. Weiterhin kann das vorhersehbare Verhalten durch Partitionierung der Prozesse und Interrupts verbessert werden. Prozesse lassen sich mit Hilfe der CPU-Affinität an bestimmte CPUs binden. Außerdem kann die Echtzeitpartition mit der CPU-Affinität oder mit CPU-Sets von anderen Prozessen befreit werden. Mit der Interrupt-Affinität werden IRQs auf die Systempartition begrenzt. Soweit entspricht dieser Ansatz den abgeschirmten Prozessen von Brosky und Rotolo [10]. Neben einem einzelnen Prozess können auch mehrere Prozesse in einer Partition vom Betriebssystem gesteuert werden. Einzelne dieser Methoden können für weiche Echtzeitprozesse nach Bedarf eingesetzt werden.

Weitergehend wird die komplette Isolation eines einzelnen Prozesses auf einer CPU erreicht, indem alle Interrupts mit Hilfe des Interrupt-Flags komplett blockiert werden. Alternativ kann auch direkt auf die Hardware (*local* und *I/O APIC*) zugegriffen werden. Da auch der Scheduling-Interrupt (ausgelöst durch den Zeitgeber des *local APIC*) blockiert oder deaktiviert wird, kann das Betriebssystem nicht mehr präemptiv in den Prozess eingreifen. Dadurch hat die Scheduling-Einstellung keine Auswirkung in diesem Modus. Alle Interrupts sollten auf andere CPUs umgeleitet werden, damit sie weiter ausgeführt werden. Weiterhin sollten alle Prozesse auf andere Partitionen verteilt werden, damit das System nutzbar bleibt. Diese Einstellungen garantieren, dass der Code des isolierten Prozesses nicht unterbrochen wird. Solange keine Systemaufrufe durchgeführt werden, ist das Betriebssystem ausgeschlossen und der Code des Prozesses wird mit berechenbarem zeitlichen Verhalten ausgeführt. Die vorgestellten Methoden können zur Laufzeit frei kombiniert werden, um benötigte Partitionen nach Bedarf zu erzeugen oder aufzuheben.

Der System Management Mode ist ein spezieller Betriebsmodus von x86-kompatiblen CPUs. Er erlaubt es dem BIOS einen System Management Interrupt (SMI) zu installieren, auf den das Betriebssystem keinen Einfluss hat. Ob dieser Mechanismus von einem System genutzt wird, hängt vom BIOS ab [11]. Diese Unterbrechungen können nicht vom Betriebssystem kontrolliert werden. Es gibt jedoch Methoden, mit denen eine Deaktivierung bei manchen Systemen doch möglich ist.[4] Wenn diese Methoden fehlschlagen und es zu Unterbrechungen kommt, ist die Hardware nicht für den Einsatz in Echtzeitsystemen geeignet.

4 Möglichkeiten isolierter Prozesse

Im vorigen Abschnitt wurde erklärt, wie ein normaler Prozess auf einer CPU isoliert werden kann, so dass er ohne Unterbrechung ausgeführt wird. Dadurch wird eine formelle Analyse des Echtzeitverhaltens auf Basis des Anwendungscodes möglich, ohne dass das komplette Betriebssystem einbezogen werden muss. Jedoch ist ein derart isolierter Prozess wenig brauchbar, wenn er nicht mit anderen kommunizieren kann und weder Systemaufrufe noch Hardware-Treiber verwenden darf. Um diese Einschränkung abzufedern, haben wir eine Kommunikationsbibliothek für gemeinsamen Speicher sowie direkten Hardware-Zugriff entwickelt, und wir planen die Realisierung von Interrupt-Handlern im User-Space.

4.1 Kommunikation über gemeinsamen Speicher

Um ungewünschte Systemaufrufe zu vermeiden, kann die Kommunikation und Synchronisation zwischen Prozessen über atomare Operationen auf gemeinsamem Speicher realisiert werden. Während der Einrichtung können mehrere Prozesse ein geteiltes Segment einrichten, in dem dann Synchronisationsprimitive wie Semaphore und Ringpuffer eingerichtet werden. Anschließend kann ohne Beteiligung des Betriebssystems über Funktionsaufrufe gearbeitet werden. Für verschiedene Einsatzzwecke sind mehrere Algorithmen in einer Bibliothek implementiert.

Zunächst kann mit diesen Methoden nur ein zeitgesteuertes Paradigma realisiert werden. Das heißt, Prozesse müssen den Zustand regelmäßig abfragen oder aktiv warten. Auf Mehrprozessorsystemen kann ein Hilfsprozess in einer anderen (weichen Echtzeit-)Partition verwendet werden, um für einen isolierten Prozess Systemaufrufe auszuführen und mit diesem über einen Ringpuffer Daten auszutauschen.

---

[4] Phrack 0x41, „System Management Mode Hack Using SMM for Other Purposes"
http://www.phrack.org/issues.html?issue=65&id=7

4.2   Erweiterungen

Um mit der realen Welt zu interagieren, werden Eingabe-/Ausgabe-Adapter verwendet. Isolierte Prozesse können diese über User-Space-Treiber verwenden und damit schnellen und vor allem vorhersehbaren zeitlichen Zugriff auf elektrische Signale erhalten. Vergleichbar zur Kommunikation über gemeinsamen Speicher müssen Eingabesignale dabei regelmäßig abgefragt werden (polling), um Änderungen innerhalb der akzeptablen Verzögerung zu bemerken.

Darüber hinaus entwickeln wir eine Möglichkeit, Interrupt-Handler im User-Space auszuführen. Der Handler des Betriebssystems wird dazu in der Interrupt Deskriptor Tabelle (IDT) durch einen Interrupt-Manager ersetzt, der nach Manipulation des Stacks direkt in den User-Space zurückkehrt. Durch diese Änderung der Rücksprungadresse wird vor der Wiederaufnahme des unterbrochenen Prozesses eine Handler-Funktion ausgeführt. Es wird zwar kurz in den Kernel-Kontext gewechselt, jedoch wird kein Code des Betriebssystems ausgeführt, so dass die Dauer berechenbar ist. Wird ein periodischer Timer-Interrupt verwendet, kann ein Scheduler im User-Space präemptiv zwischen Tasks wechseln. Dadurch ist es möglich, ein Echtzeitbetriebssystem für Mikrocontroller in eingebetteten Systemen in einen isolierten Prozess zu portieren.

5   Beispielanwendung

Unter Verwendung der vorgestellten Infrastruktur können komplexe Echtzeitanwendungen flexibel entworfen werden. Abbildung 2 zeigt ein Beispiel mit drei Partitionen. Der Prozess HT (harter Echtzeit-Task) ist auf CPU 3 vom Betriebssystem isoliert. Auf CPU 2 werden in einer weichen Echtzeitpartition die zwei Tasks T_1 und T_2 ausgeführt, die gelegentliche Systemaufrufe ausführen dürfen. Der Rest des Systems führt alle normalen Prozesse P_0 bis P_3 sowie Hardware-Interrupts auf den übrigen CPUs aus. Außerdem wird ein weicher Echtzeit-Task T_0 dieser Partition zugeordnet. Alle Teile der Applikation können mit dem isolierten Task HT mit Hilfe der Kommunikationsbibliothek über gemeinsamen Speicher zusammen arbeiten.

Task T_0 in der Systempartition wird nach besten Möglichkeiten eingeplant. Die weichen Echtzeit-Tasks T_1 und T_2 teilen sich eine CPU. Ihr Ausführungsverhalten kann durch Messung auf einem ausgelasteten System abgeschätzt werden. Der harte Echtzeit-Task HT läuft komplett isoliert, so dass eine formelle zeitliche Analyse seines Codes möglich ist.

6   Messergebnisse

Um die Effekte der in Abschnitt 3 vorgestellten Methoden im Vergleich zur kompletten Isolation zu zeigen, präsentieren wir Testergebnisse auf einem System mit Intel Core i7 920 Prozessor mit 2,66 GHz. Das Hyper-Threading ist deaktiviert, so dass vier unabhängige physikalische Prozessorkerne vorhanden sind. Das Betriebssystem ist Fedora 10 im 64-Bit Modus, bei dem der Linux-Kernel

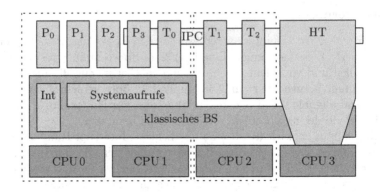

Abb. 2. Beispiel: drei Partitionen auf einem Vierprozessor-System

durch einen unveränderten Vanilla-Kernel[5] 2.6.37.6 ersetzt wurde. Ausführliche Untersuchungen haben ergeben, dass dieses System keine System Management Interrupts ausführt.

Es wurden drei verschiedene Lastszenarien verwendet, IDLE, LOAD und HEAVY-LOAD. Für IDLE wurden keine weiteren Prozesse gestartet. Das LOAD-Szenario stellt eine durchschnittliche Last mit insgesamt weniger als 100 % Auslastung mit zwei CPU-lastigen und einem speicherlastigen Prozess dar. In der dritten Variante, HEAVY-LOAD, führen vier CPU-lastige Prozesse, ein speicherlastiger Prozess, ein Prozess mit vielen Timer-Signalen und ein Prozess, der viele weitere Prozesse erzeugt, zu einem überlasteten System mit viel Arbeit auch für das Betriebssystem.

Aus den vorgestellten Echtzeitmethoden werden vier Klassen untersucht. Die Klasse KEINE verwendet ausschließlich die Maximaleinstellung der CPU-Frequenz. Die SCHEDULING-Klasse verhindert zusätzlich die Speicherauslagerung und wählt die Scheduling-Methode SCHED_FIFO mit Priorität 80. Diese stellen die üblichen Optimierungen mit POSIX-Möglichkeiten dar. Für die Klasse PARTITION werden weiterhin alle anderen Prozesse und die Hardware-Interrupts auf andere CPUs umgeleitet, vergleichbar zu den anderen Partitionsansätzen [10,12]. Schließlich wird in der Klasse ISOLATION noch das Interrupt-Flag gelöscht, so dass eine komplette Isolation stattfindet. Dank der Partitionierung werden alle Prozesse auf den übrigen CPUs weiter ausgeführt und das Testsystem bleibt voll nutzbar.

Der Benchmark funktioniert wie von Regehr [13] beschrieben: eine kurze Schleife liest immer wieder den Taktzähler der CPU und wertet den Abstand aus. Der Taktzähler kann über eine Instruktion sehr effizient ausgelesen werden, so dass die Schleife im Durchschnitt in 24 Takten (9 ns) durchlaufen wird. Die Schwelle für die Erkennung einer Unterbrechung ist auf 500 Takte (188 ns) eingestellt. Interrupt-Handler des Betriebssystems dauern zwischen 5 000 und 20 000 Takte. Es gibt zwar Unterbrechungen im Bereich zwischen den minimalen 24 und

---

[5] Original von www.kernel.org

der Erkennungsschwelle von 500 Takten, jedoch werden diese Unterbrechungen von der Hardware verursacht (Cache, Mikrocode). Ihr Einfluss ist in der durchschnittlichen Schleifenzeit von 24 Takten enthalten.

Tabelle 2. Messergebnisse auf Intel Core i7 920 (2,66 GHz)

Last	Methoden	Anzahl Lücken	max. Lückenlänge (Takte)	(µs)	Σ Unterbrechung (ppm)	Ø Schleifendauer (Takte)
IDLE	KEINE	598 736	155 671	58,523	1 864,366	24
IDLE	SCHEDULING	598 738	28 024	10,535	1 682,767	26
IDLE	PARTITION	598 737	23 748	8,928	1 593,448	24
IDLE	ISOLATION	0	0	0,000	0,000	24
LOAD	KEINE	609 652	204 545	76,897	10 809,829	25
LOAD	SCHEDULING	609 939	230 246	86,559	9 257,195	25
LOAD	PARTITION	609 930	50 391	18,944	9 223,906	25
LOAD	ISOLATION	11 267	1 075	0,404	3,997	24
HEAVY-LOAD	KEINE	239 585	84 240 038	30 917,308	685 383,751	79
HEAVY-LOAD	SCHEDULING	621 977	228 969	86,079	9 541,732	25
HEAVY-LOAD	PARTITION	621 457	87 932	33,057	9 464,083	25
HEAVY-LOAD	ISOLATION	32 619	1 176	0,442	11,778	24

Die einzelnen Ergebnisse sind in Tabelle 2 dargestellt. Die durchschnittliche Schleifendauer steigt signifikant nur im überlasteten System ohne weitere Echtzeitfunktionen an. Jedoch ist die reine Leistung in Echtzeitsystemen nicht das vorwiegende Ziel. Das wichtigste Ergebnis ist, dass die längste Unterbrechung bei kompletter ISOLATION 1 176 Takte (422 ns) lang ist, selbst im stark überlasteten System. Dadurch wird eine Latenz unter einer halben Mikrosekunde ermöglicht. Auch wenn die Anzahl der Unterbrechungen von LOAD zu HEAVY-LOAD noch ansteigt, sind nur weniger als 12 ppm (Teile von einer Million) der CPU-Zyklen verloren. Die Prozesse auf anderen CPUs können hier keinen weiteren Anstieg verursachen.

7 Zusammenfassung und Ausblick

In dieser Arbeit haben wir einen neuen Ansatz vorgestellt, um harte Echtzeit in einem unveränderten klassischen Betriebssystem auf einem Mehrprozessorsystem zu realisieren. Unsere Referenzimplementierung für Linux hat zu dem vielversprechenden Ergebnis geführt, dass ein Benutzer-Prozess mit absolut berechenbarem Zeitverhalten ausgeführt wird. So wird es möglich, marktgängige Hardware mit Mehrkernprozessor und klassischem Betriebssystem für harte Echtzeitanwendungen einzusetzen. Neben der Echtzeit stehen die Leistung und der volle Funktionsumfang aktueller Computer zur Verfügung. Normale und weiche Echtzeitprozesse können frei auf alle Schnittstellen und Dienste des Betriebssystems zugreifen.

Da der isolierte Prozess unabhängig und ununterbrochen läuft, wird eine formelle Laufzeitanalyse möglich, da das Betriebssystem nicht einbezogen werden muss. Mit Hilfe der Kommunikation über gemeinsamen Speicher, Treibern im User-Space und User-Space Interrupt-Handlern werden die Einschränkungen der isolierten Umgebung abgefangen. In einem isolierten Prozess ermöglichen zeitgesteuerte User-Space Interrupt-Handler präemptives Multitasking, so dass eingebettete Echtzeit-Betriebssysteme eingesetzt werden können. Nachteil des Verfahrens ist, dass der isolierte Kern nicht für den Lastausgleich zur Verfügung steht. Dies ist jedoch bei allen Systemen so, die harte Echtzeit auf einem Kern erreichen.

Wir planen weitere Untersuchungen von Unterbrechungsquellen, so dass statt des Interrupt-Flags mit Wirkung auf alle Interrupts ein selektives Deaktivieren möglich wird. Ohne die beschriebene Methode können Interprozessor-Interrupts bisher noch nicht wirkungsvoll ausgeschlossen werden. Weitere Tests sind auf verschiedenen Architekturen und Betriebssystemen geplant, eine Portierung auf ARM wird gerade durchgeführt. Ebenso planen wir eine Untersuchung, welchen Einfluss andere Prozessoren auf die isolierte Partition haben. Insbesondere geteilte Caches und der Zugriff auf Speicher und E/A-Geräte sind erwartete Flaschenhälse. Auch für das bisher deaktivierte Hyper-Threading soll untersucht werden, ob der Einfluss akzeptabel ist, wenn der zweite virtuelle Kern eines isolierten Prozessors im Leerlauf bleibt.

Literaturverzeichnis

1. Pellizzoni, R. und Caccamo, M.: *Toward the Predictable Integration of Real-Time COTS based Systems*. Real-Time Systems Symposium, 2007.
2. Yoon, H., Song, J. und Lee, J: *Real-Time Performance Analysis in Linux-Based Robotic Systems*. Ottawa Linux Symposium, 2009.
3. Scordino, C. und Lipari, G.: *Linux and Real-Time: Current Approaches and Future Opportunities*. ANIPLA International Congress, Rome, 2006.
4. Vaidehi M. und T. R. Gopalakrishnan Nair: *Multicore Applications in Real Time Systems*. Journal of Reasearch & Industry Volume 1 Issue 1, 2008.
5. Chanteperdrix, G., Berlemont, A., Ragot, D. und Kajfasz, P.: *Integration of Real-Time Services in User-Space Linux*. Real-Time Linux Workshop, 2004.
6. Momtchev, M. und Marquet, P.: *An Open Operating System for Intensive Signal Processing*. Tech. Rep. 2001-08 Lab. d'Informatique Fondamentale de Lille, 2001.
7. Marquet, P., Piel, E., Soula, J. und Dekayser, J.-L.: *Implementation of ARTiS, an asymmetric real-time extension of SMP Linux*. Real-Time Linux Workshop, 2004.
8. Kato, S., Rajkumar, R. und Ishikawa, Y.: *AIRS: Supporting Interactive Real-Time Applications on Multicore Platforms*. Euromicro Conf. on Real-Time Syst., 2010.
9. Betti, E., Bovet, D. P., Cesati, M. und Gioiosa, R.: *Hard Real-Time Performances in Multiprocessor-Embedded Systems Using ASMP-Linux*. EURASIP Journal on Embedded Systems, 2008.
10. Brosky, S. und Rotolo, S.: *Shielded Processors: Guaranteeing Sub-millisecond Response in Standard Linux*. Parallel and Distributed Processing Symposium, 2003.
11. Duflot, L., Etiemble, D. und Grumelard, O.: *Using CPU System Management Mode to Circumvent Operating System Security Functions*. 7th CanSecWest Conf., 2001.
12. Ragot, D., Sadourny, Y, et. al: *Linux for High Performance and Real-Time Computing on SMP Systems*. 6th Realtime Linux Workshop, Singapore, 2004.
13. Regehr, J.: *Inferring Scheduling Behavior with Hourglass*. USENIX Technical Conf. FREENIX Track, 2002.

Echtzeitsysteme in Informatikunterricht und Ausbildung

Alexander Hug, Andreas Stahlhofen und Dieter Zöbel

Fachbereich Informatik – Universität Koblenz-Landau
56070 Koblenz – Germany
Web: www.uni-koblenz.de/fb4
{hug, astahlhofen, zoebel}@uni-koblenz.de

Zusammenfassung. Echtzeitsysteme – meist integriert in eingebettete Systeme – durchdringen heute immer mehr die Alltags- und Erfahrungswelt. Um die komplexen Systeme besser zu verstehen, ist es sinnvoll, durch anschauliche Medien die Zusammenhänge begreifbar zu machen. Ein am Lehrstuhl für Betriebs- und Echtzeitsysteme der Universität Koblenz-Landau entwickeltes Experiment kann hierbei hilfreich sein.

1 Motivation

Ob im Bereich der Spielewelt, bei Videokonferenzen, im Auto oder auch Maschinen im Haushalt – Echtzeitsysteme begegnen Menschen, insb. auch Schülerinnen und Schülern, im Alltag. I. d. R. sind es eingebettete Systeme, welche im Hintergrund arbeiten, wodurch die Arbeitsweise solcher Systeme nicht bewusst wahrgenommen wird. Da Echtzeitsysteme in die Alltagswelt längst eingedrungen sind, sie somit in der Erfahrungswelt der Schülerinnen und Schüler vorkommen, ist es eine logische Konsequenz solche Systeme im Unterricht (Schule) und in der Ausbildung (Fachhochschule/Universität) zu betrachten.

Echtzeitsysteme sind Informatiksysteme, bei denen „anfallende Daten unter Einhaltung von Zeitanforderungen verarbeitet werden, so dass ihre korrekte Funktion nicht nur von den Berechnungsergebnissen abhängt, sondern auch von den Zeitpunkten, zu denen die Ergebnisse erzeugt werden." [1, Buchrücken]. In diesem Zusammenhang unterscheidet man zwischen harten und weichen Echtzeitsystemen. „Man spricht von weichen Zeitbedingungen, wenn es die Anwendung zulässt, dass es genügt, die Zeitbedingungen für den überwiegenden Teil der Fälle zu erfüllen, oder sich geringfügige Überschreitungen der Zeitbedingungen ergeben." Eine Zeitbedingung gilt als hart, wenn „deren Erfüllung nur unter gewissen Randbedingungen sinnvoll ist" [11, S.4]. Harte Echtzeitsysteme müssen in der vorgegebenen Zeitschranke ein Ergebnis geliefert haben.

Da sich Echtzeitsysteme sehr komplex darstellen, sind sie in der Arbeitsweise nur schwer zu durchschauen. In der Arbeitsgruppe Betriebs- und Echtzeitsysteme an der Universität Koblenz-Landau wurde ein Musterbeispiel mit dem Namen *Wippe-Experiment* für ein Echtzeitsystem entworfen, welches auf die wichtigsten Merkmale reduziert worden ist und somit auch die „Kernelemente" technischer

W.A. Halang (ed.), *Herausforderungen durch Echtzeitbetrieb*, Informatik aktuell,
DOI 10.1007/978-3-642-24658-6_6, © Springer-Verlag Berlin Heidelberg 2012

Systeme verdeutlicht. Die Intention des hier vorgestellten Projekts ist es, mit Hilfe eines solchen Beispiels Echtzeitsysteme den Lernenden erfassbar zu machen, wodurch die spezifischen Eigenschaften von Echtzeitsystemen sichtbar und begreifbar werden. Wie in [3] dargelegt, stellt die Begreifbarkeit einen Mehrwert für die Lernenden dar und trägt damit zum Verständnis der Zusammenhänge bei.

2 Didaktische Überlegungen zu Echtzeitsystemen

In den „Grundsätzen und Standards für die Informatik in der Schule" (kurz: Bildungsstandards) wird festgestellt, dass die Veränderungen unseres Lebens durch Informatiksysteme und der täglich benutzten eingebetteten Systeme nachhaltig sind. „Sofern ... Schüler neben der Bedienung entsprechender Systeme vor allem die darauf ausgerichteten Arbeitsmethoden erkennen und beherrschen, können sie auch künftige technische Entwicklungen besser beurteilen ... Der allgegenwärtige und alles durchdringende Einsatz von Informatiksystemen wird damit zumindest zu einem wesentlichen Teil durchschaubar." [2, S. 9] Durch unser Projekt wollen wir zu dieser Durchschaubarkeit von Informatiksystemen beitragen, indem wir das Thema Echtzeit- und eingebettete Systeme in die Schule und Ausbildung einbringen.

Aufgrund der Breite der Thematik der Echtzeitsysteme gilt es in einem ersten Schritt die Zusammenhänge aufzuarbeiten und fassbar zu machen. Dabei spielt u. a. das Mittel der didaktischen Reduktion eine entscheidende Rolle, welches bei dem zu beschreibenden Wippe-Experiment zum Tragen kommt.

Ausgangspunkt unserer Überzeugung für das Einbringen von Echtzeitsystemen in den Unterricht ist die unbewusste tägliche Konfrontation mit solchen Systemen. Diese Überzeugung knüpft an die in der didaktischen Literatur immer geforderte Orientierung des Unterrichtsstoffs an den Alltag der Schüler an. Ausgehend von den Überlegungen Wolfgang Klafkis aus dem Jahr 1958 [5], über den Ansatz des handlungsorientierten Unterrichts der 90er Jahre (vgl. dazu H. Meyer [6]) bis hin zu dem Projekt „Informatik im Kontext" (vgl. [4], 2008), ist eine der wichtigsten Forderungen, dass der zu vermittelnde Lernstoff sich an der Erfahrungs- und Lebenswelt der Lernenden anzuknüpfen hat.

Z. Zt. werden von uns Unterrichtskonzepte für den Unterricht in der Sekundarstufe zum Thema der Automotiven Systeme und insb. der Echtzeitsysteme entwickelt und zu einem späteren Zeitpunkt erprobt. Um die Zusammenhänge begreifbar zu machen, soll innerhalb dieser Reihe das Wippe-Experiment integriert werden, da es ein auf das Nötigste reduziertes Modell eines Echtzeitsystems darstellt.

Insbesondere der Bereich der Automotiven Systeme kann für junge Menschen von Interesse sein, da sie im Alter von 17 oder 18 Jahren i. d. R. den Führerschein erwerben. Somit ist es durchaus von Bedeutung, das Zusammenwirken einzelner Komponenten im Auto zu verstehen und Kenntnisse über die Sicherheit der integrierten Systeme (z. B. ABS, ESP, Airbag, Parkassistenzsysteme, usw.) zu besitzen.

3   Beschreibung des Wippe-Experiments

Bei dem Wippe-Experiment handelt es sich um einen Versuchsaufbau, dessen Ziel es ist, eine Kugel auf einer ebenen Fläche zu balancieren. Im Gegensatz zu den eingebetteten Echtzeitsystemen, welche man im Alltag vorfindet, stellt sich das Wippe-Experiment als eigenständiges und offenes System dar. Dadurch lassen sich die Bestandteile und Eigenschaften eines Echtzeitsystems klar identifizieren und analysieren.

3.1   Mechanischer Aufbau

Den Hauptbestandteil des Wippe-Experiments stellt eine Platte dar, welche in zwei Achsen geneigt werden kann, wodurch es möglich ist, darauf eine Kugel zu balancieren. Als Ziel wird vorgegeben, dass die Kugel die Platte nicht verlassen darf (harte Echtzeitbedingung) und in der Mitte der Platte zum Stehen kommt. Aktuell bietet das Wippe-Experiment zwei Möglichkeiten zur Realisierung dieses Ziels. Zum Einen lässt sich die Platte manuell mit Hilfe der von der Firma Nintendo entwickelten Fernbedienung Wii-Remote über eine Bluetooth-Schnittstelle steuern. Durch einfaches Neigen der Wii-Remote lenkt sich entsprechend der Bewegung die Platte aus. Eine weitere Alternative stellt der automatische Modus dar. Dabei wird die Kugel mittels eines Regelalgorithmus an einer beliebigen Position auf der Platte balanciert. Zusätzlich bietet diese Betriebsart die Möglichkeit, dass die Kugel einer Kreisbahn folgt.

Abbildung 1 gibt einen Überblick über die Zusammensetzung der einzelnen Hardwarekomponenten. Die Kugel befindet sich auf einer schwarzen, quadratischen Platte (1) mit einer Seitenlänge von 50 Zentimetern. Mit Hilfe von zwei Schrittmotoren (2) kann diese in einem Intervall von ±15° in x- und y-Richtung ausgelenkt werden. Die Steuerung wird mittels des TMCM-310 der Firma Trinamic (5) realisiert, ein 3-Achsen Schrittmotor Steuerungs- und Treibermodul [9], welches von einem Computer (4) über die serielle Schnittstelle (RS232) betrieben wird. Der Computer ist per USB-Kabel mit einer Webcam der Firma Logitech verbunden, welche senkrecht über dem Zentrum der Platte montiert ist (3). Auf dem

Abb. 1.   Technischer   Aufbau
des Wippe-Experiments.

Computer wird außerdem die Regelungssoftware ausgeführt. Diese verwendet die von der Webcam gelieferten Bilder, um die Kugelbewegung zu bestimmen und anschließend die Motoren entsprechend anzusteuern. Somit ist das System prinzipiell in der Lage, die Kugel auf der Platte zu balancieren.

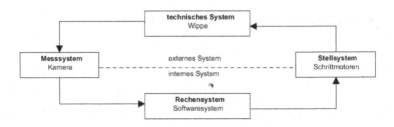

Abb. 2. Grundmodell eines Echtzeitsystems bezogen auf das Wippe-Experiment (Entnommen aus [11], S.7, Abb.1.1)

Eine schematische Einordnung bezüglich der verschiedenen Komponenten eines Echtzeitsystem lässt sich anhand Abbildung 2 vornehmen. Das technische System wird von den mechanischen Bestandteilen der Wippe dargestellt. Innerhalb des automatischen Betriebs bildet das Messsystem die Webcam. Das Rechensystem oder interne System repräsentiert der Computer, welcher die Messdaten auswertet und weiter an das Stellsystem gibt. Dieses bildet das Treibermodul der Schrittmotoren inklusive der Schrittmotoren selbst.[1]

3.2   Aufbau des Softwaresystems

Das Wippe-Experiment wird mit Hilfe eines Softwaresystems betrieben, welches in der Programmiersprache C++ implementiert ist. Es besteht aus zwei Hauptkomponenten, der *grafischen Benutzeroberfläche* (GUI) und dem *Softwarekern* (Core).

Der Softwarekern realisiert die gesamte Anwendungslogik und stellt somit die komplette Funktionalität für das Steuern des Wippe-Systems zur Verfügung. In Abbildung 3 verdeutlicht ein Komponentendiagramm den Aufbau des Kerns und die interne Einteilung in weitere Softwarekomponenten.

Die Steuerungsfunktionen werden durch eine von der Steuerungskomponente bereitgestellten Schnittstelle ermöglicht, wodurch der Zustand des Wippe-Systems beeinflusst werden kann. Zusätzlich ist die Steuerungskomponente dafür verantwortlich, die Aufgabenkomponente zu kontrollieren. Die Einteilung dieser orientiert sich an den verschiedenen Aufgaben, welche während des Betriebs des Wippe-Systems auftreten können. Die resultierenden Subkomponenten kommunizieren über eine standardisierte Schnittstelle mit dem Datenspeicher. Dieser stellt Möglichkeiten zum Lesen und Schreiben von Daten bereit. Mit Hilfe der Protokollkomponente können Daten aus dem Datenspeicher gelesen und in Form eines Dokuments festgehalten werden.

Der Datenfluss innerhalb des Wippe-Systems kann allgemein folgendermaßen beschrieben werden: Entsprechend dem aktuellen Arbeitsschritt aktiviert

---

[1] Im manuellen Betrieb wird das Messsystem durch den Bediener und die Wii-Remote beschrieben. Das Rechensystems wertet lediglich die Bewegungsdaten der Fernbedienung aus und überträgt diese auf das Stellsystem.

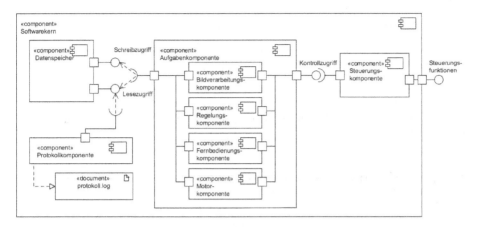

Abb. 3. Komponentendiagramm des Softwarekerns (siehe [7]).

die Steuerungskomponente eine bestimmte Subkomponente der Aufgabenkomponente. Soll beispielsweise zunächst das Kamerabild ausgewertet werden, wird eine Funktionen über die von der Bildverarbeitungskomponente bereitgestellten Schnittstelle aufgerufen. Die berechneten Bilddaten werden in den Speicher geschrieben, so dass sie von weiteren Komponenten verwendet werden können. Die einzelnen Schritte des Arbeitszyklus im automatischen Betrieb lassen sich wie folgt den entsprechenden Softwarekomponenten des Wippe-Systems zuordnen:

A. Lesen des Kamerabildes und Berechnung der aktuellen Kugelposition (Bildverarbeitungskomponente wird aktiviert und schreibt die Bilddaten in den Speicher).

B. Berechnung der Auslenkung der Platte anhand der Kugelposition mittels eines Regelalgorithmus (Regelungskomponente wird aktiviert, liest die Bilddaten und schreibt die Regelungsdaten in den Speicher).

C. Befehl zum Auslenken der Motoren entsprechend der Regelungsdaten an das Treibermodul senden (Motorkomponente wird aktiviert, liest die Regelungsdaten und schreibt die Motordaten in den Speicher).

Es zeigt sich, dass ein Zyklus mit der Aufnahme des Kamerabildes beginnt. Somit entsteht eine zeitliche Abhängigkeit bezüglich des Eintreffens des aktuellen Kamerabildes, wodurch sich ein zeitgesteuerter Datenfluss ergibt.

Die Benutzerschnittstelle nutzt die vom Softwarekern bereitgestellte Schnittstelle zum Steuern des Wippe-Systems (vgl. Abb. 4). Entsprechend der aufgenommenen Interaktionen eines Nutzers, beispielsweise das Anklicken eines Buttons, ruft sie die zugehörige Funktion der Schnittstelle auf. Dadurch lässt sich das Wippe-Experiment starten, stoppen und konfigurieren. Zusätzlich fungiert die Benutzerschnittstelle als Informationsdarsteller und kann je nach Betriebsmodus spezifische Daten anzeigen.

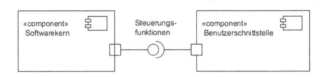

Abb. 4. Übersicht über die Abhängigkeit zwischen Benutzerschnittstelle und Softwarekern (siehe [7]).

4   Verifizierung des Wippe-Experiments

Für den korrekten Betrieb eines Echtzeitsystems spielen verschiedene Aspekte eine tragende Rolle. Darunter fallen Begriffe wie Rechtzeitigkeit, Determinismus und Vorhersagbarkeit. Im Folgenden wird vor allem die Rechtzeitigkeit des Wippe-Experiments betrachtet.

Zunächst muss eine Bedingung aufgestellt werden, welche als Voraussetzung für den korrekten Betrieb zu beachten ist. Diese wird bei harten Echtzeitsystemen durch die bedingte Wahrscheinlichkeit [11]

$$P(A \mid B) = 1 \tag{1}$$

ausgedrückt, welche den Wert eins haben muss. Innerhalb der Formel bezeichnet B die Rahmenbedingungen, die als Voraussetzung für den korrekten Betrieb gelten. Darunter ist zu verstehen, dass während der Ausführung des Wippe-Experiments keine technischen Ausfälle auftreten. A stellt die Zeitbedingung dar und wird durch [11]

$$A \equiv r + \Delta e \leq d \tag{2}$$

gebildet. Dabei sei r der Zeitpunkt, zu dem die Ausführung einer Aufgabe beginnen kann, Δe die Ausführungszeit und d der Zeitpunkt, zu dem die Aufgabe erfüllt sein muss. Die Forderung, dass die Ausführung der Aufgabe rechtzeitig beginnen und enden muss, wird als Rechtzeitigkeit bezeichnet.

In Bezug auf die Ausführungszeit eines Arbeitszyklus wird die in Abschnitt 3.2 vorgestellte Abfolge folgendermaßen modifiziert:

1. Aufnahme des Kamerabildes ($\Delta e_K \,\widehat{=}\,$ Alter des Kamerabildes beim Eintreffen im Programm).
2. Lesen des Kamerabildes und Berechnung der aktuellen Kugelposition ($\Delta e_B \,\widehat{=}\,$ Rechenzeit der Bildverarbeitungskomponente, entsprechend Punkt A in Abschnitt 3.2).
3. Berechnung der Auslenkung der Platte anhand der Kugelposition mittels eines Regelalgorithmus ($\Delta e_R \,\widehat{=}\,$ Rechenzeit der Regelungskomponente, entsprechend Punkt B in Abschnitt 3.2).
4. Befehl zum Auslenken der Motoren entsprechend der Regelungsdaten an das Treibermodul senden ($\Delta e_S \,\widehat{=}\,$ Rechenzeit der Motorkomponente + Sendezeit des Befehls über die serielle Schnittstelle, entsprechend Punkt C in Abschnitt 3.2).

5. Auslenkung der Motoren ($\Delta e_M \widehat{=}$ Zeit, die die Motoren benötigen um den gesetzten Winkel anzufahren).

Insgesamt lassen sich drei verschiedene Aufgaben mit der Ausführungszeit Δe_i, $i \in \{0,1,2\}$ unterscheiden:

$$\text{Aufnahme des Kamerabildes:} \quad \Delta e_0 = \Delta e_K \quad (3)$$

$$\text{Rechenzeit des internen Systems:} \quad \Delta e_1 = \Delta e_B + \Delta e_R + \Delta e_S \quad (4)$$

$$\text{Auslenkungszeit der Platte durch die Motoren:} \quad \Delta e_2 = \Delta e_M \quad (5)$$

Die Aufnahme des Kamerabildes geschieht durch die Webcam und wird parallel periodisch ausgeführt. r_0 ist dabei abhängig von der Bildfrequenz der Kamera. Der Startzeitpunkt für die Berechnungen innerhalb des internen Systems r_1 und für die Auslenkung der Motoren r_2 ergibt sich jeweils aus dem Beenden der vorherigen Aufgabe. Somit gilt:

$$r_0 = 0 , \quad r_1 = r_0 + \Delta e_0 \quad \text{und} \quad r_2 = r_1 + \Delta e_1 \quad (6)$$

Um die Rechtzeitigkeit für das Wippe-System festzulegen, müssen die entsprechenden Endzeitpunkte d_i, $i \in \{0,1,2\}$ für die Ausführung der Aufgaben definiert werden. Jedoch ergibt sich diesbezüglich nur die Bedingung, dass die Platte durch die Motoren rechtzeitig ausgelenkt sein muss, damit die Kugel gehalten und im Zentrum balanciert werden kann. Demnach ist nur d_2 relevant und es gilt:

$$r_2 + \Delta e_2 \le d_2 \quad \Leftrightarrow \quad r_1 + \Delta e_1 + \Delta e_2 \le d_2 \quad \Leftrightarrow \quad \Delta e_0 + \Delta e_1 + \Delta e_2 \le d_2 \quad (7)$$

Mit Hilfe des Softwaresystems wurden Messungen durchgeführt, um einen Richtwert für Δe_1 zu erhalten. Anhand der Einstellungen des Treibermoduls der Schrittmotoren lässt sich die Auslenkungsgeschwindigkeit der Platte mit $122\frac{1}{s}$ abschätzen und somit Δe_2 in Abhängigkeit des Auslenkungswinkels α bestimmen. Lediglich das Alter des Kamerabildes konnte bislang nicht gemessen oder berechnet werden und wird abhängig von der Bildfrequenz angenommen.

$$\Delta e_0 \approx \frac{1}{60\frac{1}{s}} \approx 17ms \quad \text{(bei 60fps)}, \quad \Delta e_1 \approx 34ms, \quad \Delta e_2 \approx \frac{\alpha}{122\frac{1}{s}} \quad (8)$$

Um einen Richtwert für d_2 zu erhalten, wird zunächst ein Gedankenexperiment bezüglich einer Achse durchgeführt. Die Überführung des Experiments in die Ebene wird als unproblematisch angesehen.

Die Kugel wird aus der Ruhe von dem Plattenrand ausgehend durch die maximale Auslenkung der Platte ($\alpha = 15°$) mit der resultierenden Beschleunigung a in Richtung des Mittelpunktes bewegt. Somit ergibt sich ein Abstand $s = 25cm$ zum Mittelpunkt der Platte. d_2 ist die Zeit, welche die Kugel benötigt um den Mittelpunkt zu erreichen. Innerhalb dieser Zeitspanne soll die Platte in die Nullstellung abgesenkt werden. Anschließend wird durch weiteres Auslenken über die Nullstellung hinaus das vollständige Abbremsen der Kugel garantiert. Durch eine zusätzliche Bremseinwirkung des Luftwiderstands wird der Abstand von der neuen Ruheposition zum Mittelpunkt der Platte verringert. Die Wiederholung des Vorgangs hat das Auspendeln der Kugel im Zenrum zur Folge.

Mit Hilfe der folgenden Berechnung kann d_2 abgeschätzt werden:

$$\text{aus [10]} \quad a = \frac{5}{7} \cdot g \cdot \sin 15° = 1{,}81 \frac{m}{s^2} \, , \quad s = \frac{1}{2} \cdot a \cdot d_2^2 \quad \Leftrightarrow \quad d_2 = 526ms \quad (9)$$

Die Bedingung

$$A = 17ms + 34ms + \frac{15}{122\frac{1}{s}} = 174ms \leq 526ms \quad (10)$$

ist somit erfüllt.

Prinzipiell ist das System in der Lage, innerhalb von $526ms$ bis zu 10 $\left(\frac{526ms}{17ms+34ms} \right)$ Bilder auszuwerten und die berechneten Motorpositionen an das Treibermodul zu senden, wodurch die Platte bereits in die Nullstellung abgesenkt werden kann, bevor die Kugel das Plattenzentrum passiert. Folglich können dadurch ebenso höhere Geschwindigkeiten als die angenommene abgefangen werden, da die beschleunigende Kraft eher entfällt und der Bremsvorgang somit früher einsetzt.

5 Das Wippe-Experiment im Unterricht

Aufgrund der Offenheit des gesamten Systems (Messsystem, Stellsystem und technischem System) und der einfachen Aufgabenstellung, nämlich den Ball auf die Mitte der Platte zu beruhigen, ist das Wippe-Experiment vom ersten Eindruck her leicht verständlich und geeignet für den Unterricht und die Ausbildung. In erster Linie geht es zuerst einmal nur darum, den Versuch als fertiges Produkt einzusetzen. Durch die Möglichkeit, die Wippe mit Hilfe der Fernbedienung zu steuern, ist ein wichtiger Motivationsfaktor für die Lernenden gegeben. Die Probanden können gegen den Computer in einem Vergleich antreten. Einerseits kann man daraus die Frage ableiten, wer es schneller schafft, den Ball in die Mitte der Platte zu beruhigen, andererseits entwickelt sich bei den Lernenden ein Erstaunen, mit welcher Schnelligkeit und Einfachheit der Computer die Aufgabe löst.

Mögliche Fragen, die sich die Schüler stellen werden und die Rahmen von [7] geklärt werden, könnten sein:

- Welche Garantie gibt es, dass der Ball auf der Platte bleiben wird?
- Kann der Ball von jedem beliebigen Punkt auf der Platte in der Mitte zum Halten gebracht werden?
- Welche Geschwindigkeit oder gar auch welche Beschleunigung hat der Ball im Durchschnitt oder maximal?
- Wo sind die Grenzen des Versuchs bzw. des gesamten Systems? Warum gibt es sie?

Mit Hilfe von Testläufen könnten teilweise erste Antworten gegeben werden, jedoch sind dies keine allgemeingültigen Aussagen. Das Modell eignet sich aber sehr gut dazu, Begriffe wie Rechtzeitigkeit, Vorhersagbarkeit, Gleichzeitigkeit oder Verlässlichkeit begreifbar zu machen. Das Grundmodell eines Echtzeitsystems kann man an dem Wippe-Experiment sehr leicht aufzeigen.

Die in Abschnitt 4 durchgeführten Berechnungen scheinen uns für einen durchschnittlichen Oberstufenkurs in Informatik zu schwer. Dies liegt u. a. daran, dass hier grundlegende Kenntnisse der Physik und eine sichere Beherrschung der Analysis von Nöten sind, um eine exakte und vollständige Behandlung des Systems zu gewährleisten. Ein weiterer Bereich, der für die Schüler ebenfalls nur schwer zugänglich sein wird, ist der der Mensch-Maschine-Schnittstelle. Die gesamte GUI ist sehr komplex, sodass nur nach entsprechender didaktischer Aufarbeitung ein Lesen und daraus ableitendes Verstehen der Zusammenhänge möglich sein wird. Der Algorithmus zum Abfangen der Kugel (Regelalgorithmus) als ein Kernstück der Software wird ebenfalls als solches von den Schülern nicht zu entwickeln sein, jedoch kann durch entsprechende didaktische Vorbereitung die Arbeitsweise plausibel gemacht werden.

Um die physikalischen Zusammenhänge zu verdeutlichen, scheint es sinnvoll, den Schülern ein vom Lehrer aufbereitetes Informationsblatt zur Verfügung zu stellen. Der aus der Sicht der Informatik spannendste Teil ist der Regelalgorithmus. Da die gesamte Softwarestruktur sehr komplex ist, wird es den Schülern nur möglich sein, den Quelltext zu lesen und zu analysieren. Darauf aufbauend kann in einem nächsten Schritt von den Schülern untersucht werden, wie die einzelnen Teilschritte (Auswertung des Kamerabildes, Aufarbeitung der Daten für die Motorensteuerung, usw.) umgesetzt worden sind. Da die GUI nur ein Mittel zum Zweck der Einstellung und Bedienung des Wippe-Experiments darstellt, muss auf diesen Teil der Software im Unterricht nicht eingegangen werden. (Außer man möchte Aspekte der Mensch-Maschine-Schnittstelle thematisieren, dann wäre ein ähnliches Vorgehen wie beim Regelalgorithmus denkbar.)

6   Zusammenfassung

In dem vorliegenden Artikel haben wir gezeigt, dass

- das Thema Echtzeitsysteme für Schüler spannend ist und daher in den Informatikunterricht der Sekundarstufe II eingebracht werden kann und sollte;
- das Wippe-Experiment den Anforderungen an ein Echtzeitsystem genügt und damit ein Musterbeispiel für ein solches darstellen kann.

Für die Schüler ergibt sich durch das Wippe-Experiment ein Mehrwert. Die Merkmale eines technischen Systems können anhand der Wippe anschaulich vorgestellt werden. Typische Begriffe wie Rechtzeitigkeit, Vorhersagbarkeit oder Verlässlichkeit erfahren die Schüler an einem konkreten Kontext und können die sich daraus ergebenden Schwierigkeiten in der Realisierung solcher Systeme besser einschätzen. Dadurch wiederum können sie eine Vorstellung gewinnen, wie ein Echtzeitsysteme prinzipiell arbeiten muss, und werden in der Lage sein, die Zuverlässigkeit der erhaltenen Informationen einschätzen zu können. Daraus können sie dann Fragen ableiten, die einen ethischen Hintergrund haben (z. B. „Wie viel Verantwortung kann beim Steuern eines Autos an das Fahrzeug abgegeben werden?").

Im nächsten Schritt möchten wir unter Nutzung dieser Aspekte eine Unterrichtseinheit für den Informatikunterricht in der Oberstufe entwickeln und anschließend in mehreren Kursen und Arbeitsgemeinschaften erproben und evaluieren; insb. eine Integration in das Projekt „Informatik im Kontext" ist uns wichtig. Das Gebiet der Echtzeitsysteme ist sehr groß und bietet somit ein großes Betätigungsfeld für die Fachdidaktik Informatik.

Literaturverzeichnis

1. Benra, Juliane T., Halang, Wolfgang A. (Hrsg.): *Software-Entwicklung für Echtzeitsysteme.* 1. Aufl. Springer-Verlag: Berlin, Heidelberg 2009.
2. Bildungsstandards für das Fach Informatik, http://www.informatikstandards.de (Stand: 07.07.2011).
3. Hug, Alexander: *Informatik hautnah erleben*, Arbeitsberichte Fachbereich Informatik Universität Koblenz-Landau, 11/2010, http://www.uni-koblenz-landau.de/koblenz/fb4/publications/Reports (Stand: 07.07.2011).
4. Homepage des Projektes „Informatik im Kontext", http://informatik-im-kontext.de (Stand: 07.07.2011).
5. Klafki, Wolfgang: *Didaktische Analyse als Kern der Unterrichtsvorbereitung.* In: Die Deutsche Schule (50), Heft 10, 1958, S. 450 - 471.
6. Meyer, Hilbert: *Was ist guter Unterricht?*, Sonderausgabe mit 65 Min.-Vortragsvideo (DVD), 1. Aufl. Cornelsen Scriptor: Berlin 2004.
7. Stahlhofen, Andreas: *Programmierung und Implementierung des Regelalgorithmus und Überarbeitung der Mensch-Maschine-Schnittstelle für das „Wippe-Experiment"*, Diploma's thesis, Universität Koblenz-Landau, Fachbereich für Informatik: AG Echtzeitsysteme, 2011.
8. TecQuipment - CE106, TecQuipment 2011, Erreichbar unter http://www.tecquipment.com/Datasheets/CE106_1210.pdf (Stand: 20.05.2011)
9. Manual - TMCM-310, 3-Achsen Schrittmotor Steuerungs- und Treibermodul, Trinamic 2011, Erreichbar unter http://www.trinamic.com/tmc/media/Downloads/modules/TMCM-310/TMCM-310_start_deutsch.pdf, Abgerufen am 22.05.2011.
10. Zöbel, Dieter: *A Versatile Real-Time Experiment: Balancing a Ball on a Flat Board.* In: Zalewski, Janusz (Ed.): *Third IEEE Real-Time Systems Education Workshop (RTEW 98).* Poznan, Poland, November 1998, S. 98 - 105
11. Zöbel, Dieter: *Echtzeitsysteme - Grundlagen der Planung*, Springer-Verlag, Berlin 2008.

Forschung und Lehre im Bereich industrielle Fertigung

Kevin Nagorny, Jeffrey Wermann, Armando Walter Colombo
und Uwe Schmidtmann

Hochschule Emden/Leer
26723 Emden
{knagor, jwerma, awcolombo, sc}@technik-emden.de

Zusammenfassung. Der industrielle Trend hin zum individuellen Produkt zeigt zunehmend die Grenzen der konventionellen Fertigung auf. Neue Paradigmen und Technologien werden benötigt, die bei steigender Qualität und Performance eine effizientere und individuellere Fertigung realisieren. Das moderne Portfolio eines Unternehmens zielt nicht mehr vollständig auf Komponenten sondern auf individuelle und vollständige Lösungen für den Kunden, was neue Ziele und Herausforderungen in den Bereichen „Engineering-Methoden und -Werkzeuge", „Systematisierung" und „Enterprise-Integration" beinhaltet. Die Hochschule Emden/Leer hat flexible Fertigungssysteme (FFS) erstellt, die den international stark diskutierten Paradigmen der Multiagentensysteme (MAS), der serviceorientierten Architekturen (SOA) und der Systems-of-Systems (SoS) gerecht werden. Studenten des Fachbereichs Technik nehmen in ihrer Ausbildung an vielen Praktika teil, in denen sie neue Fertigungsmethoden kennenlernen und implementieren. Die Mitarbeit in FuE-Projekten, in denen die vorgestellten Paradigmen weiterentwickelt und implementiert werden, wird dabei erwartet. Dieser Artikel beschreibt die Ausbildung mit Hilfe der flexiblen Fertigungssysteme im Bereich *industrielle Fertigung* an der Hochschule Emden/Leer.

1 Einleitung

Der Themenbereich „Echtzeitsysteme und Verarbeitung von echtzeitkritischen Daten" gewinnt in der Automatisierungstechnik immer größere Bedeutung. Aufgrund zunehmender Anforderungen in Richtung *Extreme Customization* mit Losgrößen ≥ 1, investieren führende Unternehmen in Forschungsprojekte, die mit Hilfe von dezentralen, kollaborativen und intelligenten Lösungen eine deutlich höhere Flexibilität von Fertigungsanlagen bei gleichbleibender Qualität und höherem Durchsatz schaffen sollen [5–7].

Die Extensible Markup Language (XML) findet immer häufiger Anwendung, um den Weg für komponentenunabhängige Schnittstellen zu ebnen und um Menschen bei immer komplexeren Strukturen zu unterstützen. Das Forschungsprojekt LK³S¹ [1] der Hochschule Emden/Leer befasste sich mit dem Einsatz des

---

¹ Leicht konfigurierbare Komponenten kollaborativer Systeme

W.A. Halang (ed.), *Herausforderungen durch Echtzeitbetrieb*, Informatik aktuell,
DOI 10.1007/978-3-642-24658-6_7, © Springer-Verlag Berlin Heidelberg 2012

Paradigmas *Agententechnologie* in flexiblen Fertigungssystemen und konnte auch zu diesem Thema bereits erste Ergebnisse liefern. So wurde ein *Hardware Abstraction Layer* (HAL) entwickelt, der die Schnittstellen gleicher Komponententypen von unterschiedlichen Herstellern über ein abstraktes XML-Protokoll vereinheitlicht. Dieses sehr einfach zu handhabende Protokoll wird von intelligenten Agenten genutzt, um eine dezentrale Fertigungssteuerung zu realisieren. Der HAL setzt die abstrakten Befehle dann in hardwarenahe Prozesssequenzen um.

Diese Forschungs- und Entwicklungsergebnisse fließen aktuell in das EUFP7-Projekt IMC-AESOP[2] [2] ein. In diesem Projekt wird an einem SOA-basierten System-of-Systems-Ansatz (SoS) von sehr großen, skalierbaren und verteilten Systemen für die Prozesssteuerung und -überwachung mit bis zu 10.000 verschalteten, intelligenten Smart-Devices geforscht.

Die Abbildung 1 zeigt den möglichen Einsatz von Ergebnissen des EUFP6-Projekts SOCRADES (siehe www.socrades.eu und [6,7]) im Forschungslabor der Hochschule Emden/Leer.

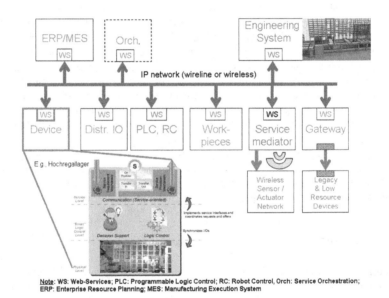

Note: WS: Web-Services; PLC: Programmable Logic Control; RC: Robot Control, Orch: Service Orchestration; ERP: Enterprise Resource Planning; MES: Manufacturing Execution System

Abb. 1. Einsatz der SOCRADES-Architektur im Forschungslabor der Hochschule

Hierfür werden zukünftig Entwicklungswerkzeuge benötigt, die es auch dem Laien ermöglichen eine intelligente Fertigungssteuerung zu entwickeln. Es ist wichtig, dass das Thema *aktuelle und zukünftige industrielle Fertigung* bereits in der Ausbildung eine bedeutende Rolle spielt. Im Fachbereich Technik werden

---

[2] ArchitecturE for Service-Oriented Process-Monitoring and -Control (www.imc-aesop.eu)

dem Studenten daher die nötigen Grundlagen im Bereich *industrielle Fertigung* vermittelt und ihm die Möglichkeit gegeben in FuE-Projekten sein erworbenes Wissen praktisch anzuwenden.

Dieser Artikel beschreibt die Lehre im Bereich *flexible und intelligente indus- trielle Fertigung* an der Hochschule Emden/Leer und zeigt, wie Forschungsergeb- nisse in die Lehre einfließen können. Im Kapitel 2 werden die zukünftigen Her- ausforderungen in der industriellen Fertigung erläutert, im Kapitel 3 wird kurz die Ausstattung der Hochschule Emden/Leer vorgestellt, an der Studenten diese Herausforderungen praktisch annehmen können und im Kapitel 4 wird die Aus- bildung an der Hochschule Emden/Leer beschrieben. Dazu gehören der Ablauf des Praktikums und diverse weitere Projektarbeiten. Des Weiteren beschreibt das Kapitel 5, welche Möglichkeiten für Studenten bestehen, in FuE-Projekten mitzuwirken.

2 Herausforderungen der flexiblen und intelligenten Fertigung im Echtzeitbetrieb

Der Übergang der industriellen Fertigung von der Massenfertigung (*Mass Custo- mization*) zu kleineren Losgrößen ≥ 1 (*Extreme Customization*) beinhaltet viele Herausforderungen. Aktuelle Leitsysteme (z.B. *Manufacturing Execution Sys- tems (MES)* [4] und *Supervisory Control and Data Acquisition (SCADA)*), die am Beispiel der Automobilindustrie, über Fertigungslinien maximal eine *Mass Customization* mit Hilfe von manuellen Arbeitsschritten erreichen, geraten durch eine zunehmende individuelle Gestaltung der Produkte an ihre physischen und logischen Grenzen. Hardware und Software müssen sich daher den neuen Forde- rungen anpassen, um bei steigender Individualität und Qualität weiterhin einen hohen und kosteneffizienten Durchsatz zu generieren.

Hardware

Eingesetzte konventionelle Fertigungslinien haben diverse Nachteile. Hohe Um- rüstzeiten und geringe Flexibilitäten sind i.d.R. die Ursache für eine geringe Variantenvielfalt. Ein weiterer Nachteil ist, dass eine Maschine in einer Fer- tigungslinie im Störfall den Stillstand der gesamten Produktionsstraße verur- sacht. Weiter ist eine Fertigungslinie, wie bei einer Kette, nur so stark wie ihr schwächstes Glied. Die langsamste Maschine in der Fertigungsstraße gibt daher den max. Fertigungstakt an. Um unterschiedliche Taktzeiten an verschiedenen Fertigungslinien auszugleichen, müssen an den Enden kleine Zwischenlager (Puf- fer) eingerichtet werden. Nicht nur, dass deren Einsatz für Zeitverzögerungen sorgt; aus dem Logistikbereich ist bekannt, dass Lagerkosten (Stellfläche + Ka- pitalbindungskosten) vermieden werden müssen und daher das Lager durch Just- in-time-Produktion sprichwörtlich „auf die Straße verlegt" wird. Größere Puffer an Fertigungsstraßen sorgen entgegen dem Prinzip Just-in-time (JIT) wieder für Lagerkosten.

Die Reduzierung aller Nachteile wird aktuell in flexiblen Fertigungssystemen gesucht. Diese verfügen über eine ungetaktete, losgrößenunabhängige Produktion und sich ergänzende und ersetzende Maschinen.

Mit Hilfe von Transportstraßen können Paletten durch paralleles Routing auf unterschiedlichen Wegen zur Fertigungszelle gelangen. Durch parallel angeordnete Fertigungszellen, die mit unterschiedlichen und gleichen Fähigkeiten ausgestattet sind, wird eine Redundanz erreicht, die einen Totalausfall der gesamten Fertigung nahezu ausschließt.

Zur Hardware eines FFS gehören mechatronische Komponenten, Controller, Kommunikations-Hardware, etc.. Es ist hardwaretechnisch in der Lage unterschiedliche Produkte in beliebiger Reihenfolge und unterschiedlichen Losgrößen wirtschaftlich zu fertigen, und erfüllt damit die Anforderungen der „flexible Automation" [3]. Diese Aufgabe erfordert auch Software, die ein effizientes Zusammenspiel aller Komponenten ermöglicht. Eine Arbeitszelle mit einem Roboter, hat theoretisch viele Fähigkeiten. Ein statisches Roboterprogramm kann z.B. durch ein dynamisches ersetzt werden, welches die Bewegungen des Roboters individuell an die jeweilige Aufgabe anpasst. Mehrere Werkzeuge für den Roboter können die Fähigkeiten dieser Arbeitszelle noch erweitern.

Individuelle Losgrößen, ein hoher Durchsatz und geringe Fertigungskosten, lassen sich nur durch flexible Aufbauten aus einzelnen Systemen zusammensetzen. Dieser Ansatz wird im Paradigma Systems-of-Systems behandelt, der vor allem softwareseitige Änderungen vorsieht.

Software

Zukünftige Fertigungen werden aufgrund von komplexeren Strukturen und Aufgaben (z.B. Energiemanagement) eine Kollaboration über mehrere Ebenen fordern. Die Paradigmen *Agententechnologie* und *serviceorientierte Architekturen* können diese Forderungen erfüllen, da jede Komponente einen eigenen Service anbietet, der mit anderen Services orchestriert werden kann und von intelligenten Softwareagenten abstrakt genutzt wird. Dies hat eine optimale Verwaltung von Ressourcen zur Folge.

Ein weiterer industrieller Trend ist der Vertrieb von schlüsselfertigen, individuellen Kundenlösungen. Unternehmen sind daher auf eine schnelle Fertigstellung einer Lösung aus vorzugsweise eigenen Komponenten angewiesen.

Die klassische Automatisierungspyramide zeigt die hierarchische Struktur von konventionellen Fertigungssteuerungen. Diese besteht aus folgenden Schichten: Unternehmensebene (Enterprise Resource Planning) ↔ Betriebsleitebene (MES) ↔ Prozessleitebene (Supervisory Control and Data Acquisition) ↔ Steuerungsebene (speicherprogrammierbare Steuerungen) ↔ Feldebene (Feldbus). Die Planung geschieht streng hierarchisch Top-down durch jede Ebene; Informationen werden denselben Weg Bottom-up zusammengetragen. Diese Struktur hat den Nachteil, dass Ebenen z.B. für den Informationsaustausch durch unterschiedliche Protokolle nicht übersprungen werden können.

Serviceorientierte Architekturen und Agententechnologien bieten die Möglichkeit einheitliche Schnittstellen zu erstellen und eine Kollaboration von der

Automatisierungs-Ebene bis in die Enterprise-Ebene zuzulassen. Mit dem Einsatz von Smart-Devices kann durch SOA über TCP/IP ein sehr abstraktes, XML-basiertes Interface für die Steuerung von Komponenten bereitgestellt werden, die über einen Service angesprochen werden können. Dafür melden sich die Services bei einer zentralen Verwaltung an. Wird ein Service benötigt, kann dieser in der Verwaltung gesucht werden. Zurückgeliefert wird eine Adresse, über die der Service erreichbar ist. Dieses Prinzip ist in Betriebssystemen, wie Linux und Windows, bereits seit längerem implementiert. Peripherie lässt sich nach einem ähnlichen Prinzip integrieren und zeigt, dass Plug-and-Play für die Anpassung und Erweiterung von Systemen sehr gut geeignet ist. Ein sehr aktuelles Konzept, dass nach demselben Prinzip funktioniert, ist *Cloud Computing*. Auch hier werden Services angeboten, die von Kunden genutzt werden können.

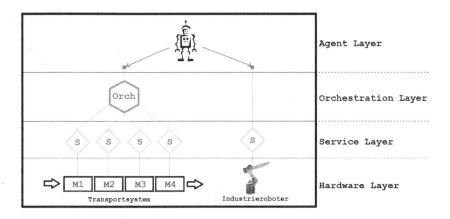

Abb. 2. Beispiel: SOA verknüpft mit der Agententechnologie

SOA bietet die Möglichkeit der dynamischen Orchestrierung [1, 2]. Die aus dem Paradigma *Systems-of-Systems* bekannten Fähigkeiten der „Emergenz" und „Evolvierbarkeit" sind auch auf SOA-Plattformen anwendbar, um neue Services im Verbund aus anderen Services zu generieren. „Emergenz" steht für die Fähigkeit aus zwei Systemen (oder Services) ein neues System (oder neuen Service) mit neuen Eigenschaften und Fähigkeiten zu generieren. „Evolvierbarkeit" steht für die Fähigkeit, ein vorhandenes System um weitere Systeme erweitern zu können; daher auch strukturelle Änderungen zuzulassen um damit neue Verhalten durch Kollaboration generieren zu können. Auch die „Evolvierbarkeit" ist analog auf das SOA-Paradigma anwendbar.

Wird das SOA-Paradigma mit der Agententechnologie verknüpft, ersetzt der Agent in dem folgenden Beispiel den Kunden, der jetzt über die angebotenen Services seinen Auftrag erfüllt. Abbildung 2 zeigt ein Transportsystem, welches aus vier Hardwaremodulen besteht, die jeweils abstrakt über einen Service angesprochen werden können. Weiter gibt es einen Industrieroboter, der auch über einen Service angesprochen wird. Die Orchestrierungsebene zeigt die Möglichkeit durch Orchestrierung mehrerer Services, einen neuen Service zu generieren. Das Transportsystem ist jetzt über einen Orchestrator erreichbar, der aus Sicht der Schnittstelle nur einen weiteren Service darstellt. Dieser Service kann jetzt z.B. den Auftrag „*bringe das Transportgut von Modul 1 nach Modul 4*" erfüllen. Dieses wäre mit dem Service eines Transportmoduls nicht möglich. Die Hardware wird daher bis in die Agenten-Ebene immer weiter abstrahiert. Auf der Agenten-Ebene werden intelligente Agenten eingesetzt, die kollaborativ mit anderen Agenten verhandeln und Entscheidungen treffen. Aus diesen Entscheidungen wird ein dezentrales Scheduling erreicht, dass in konventionellen Systemen dem Produktionsplan eines MES entsprechen würde. Somit entfällt eine zentrale Steuerung in diesem Paradigma. Die Unternehmens-Ebene kann dann sehr abstrakt Aufträge in das System geben, indem es Auftrags-Agenten generiert. Für die Auftragsabarbeitung verhandelt der Auftrags-Agent mit Maschinen-Agenten, Logistik-Agenten, etc.. Werden aus der Unternehmens-Ebene Informationen zu einem Auftrag benötigt, kann dieser Agent dafür angesprochen werden. Dieselben Mechanismen sind in allen Agententypen implementiert. So können Agenten untereinander Informationen austauschen, aber auch durch ERP-Systeme genutzt werden.

Das bereits im LK³S-Projekt umgesetzte Paradigma wird in der Hochschule Emden/Leer in der Ausbildung eingesetzt. In FuE-Projekten werden die bisherigen Ergebnisse weiterentwickelt und bieten international eine gute Aufstellung im Bereich der Forschung.

3 Plattformen für Ausbildung und Forschung

Die Hochschule Emden/Leer verfügt aktuell über zwei flexible Fertigungssysteme. Die „Digitale Fabrik" ist eine Modellfabrik, an der im Rahmen des Forschungsprojekts LK³S bereits das Paradigma der Agententechnologie erprobt wurde. Die „Digitale Fabrik" wird ausschließlich für Projekte, Abschlussarbeiten und Forschungsprojekte verwendet.

Weiter existiert ein zweites flexibles Fertigungssystem, dass von dem Unternehmen FESTO Didactic in einer Spezialanfertigung für die Hochschule Emden/Leer entwickelt wurde. An dem Modell wird begleitend zu der Vorlesung „Echtzeitdatenverarbeitung" ein Praktikum durchgeführt, welches alle Studenten der Elektrotechnik und Informatik durchlaufen.

Es enthält die wesentlichen Bestandteile einer realen Fabrik, wie einen Wareneingang und -ausgang, mehrere Bearbeitungsstationen, sowie ein Flachlager. Verbunden sind die einzelnen Komponenten durch ein komplexes Transportsystem, welches aufgrund vieler unterschiedlicher Wege (anstatt einer einfachen Linienstruktur) eine hohe Flexibilität ermöglicht. Jede dieser Komponenten stellt ein individuelles Modul mit eigenem Industrie-PC zur Steuerung dar und ist via ModbusTCP mit den restlichen Modulen verbunden. Das Modell wird zukünftig um ein Distributionscenter erweitert, welches sowohl die Aufgaben eines Wareneingangs als auch eines Warenausgangs übernehmen kann. Auf diese Weise wird

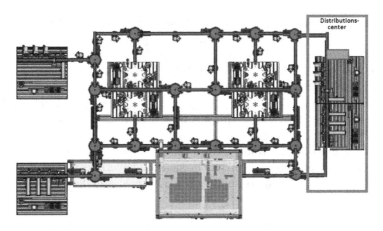

Abb. 3. Schematische Übersicht des FESTO-Modells mit Distributionscenter (Markierung rechts)

der maximale Durchsatz und damit auch die volle Flexibilität der Modellfabrik genutzt werden können. In Abbildung 3 ist das Modell mit der Erweiterung um das Distributionscenter schematisch dargestellt.

Entwicklungswerkzeuge

Um den Echtzeitanforderungen zu genügen, wurde auf den Industrie-PCs das Betriebssystem RTAI-Linux eingerichtet, welches an der Technischen Universität Mailand entwickelt wurde und eine Erweiterung des Linux-Kernels zu einem echtzeitfähigen Betriebssystem darstellt. Zur Programmierung von Echtzeit-Prozessen steht eine RTAI-API zur Verfügung. Diese verfügt umfangreiche C-Funktionen um Echtzeit-Tasks zu erstellen und stellt wichtige Werkzeuge wie Synchronisationsmechanismen bereit.

Damit die Studierenden sich auf das Programmieren der Echtzeit-Anwendungen beschränken können, ist es wichtig eine Programmierumgebung bereit zu stellen, die alle relevanten Funktionen bietet, dabei aber einfach zu bedienen und leicht zu erlernen ist. Mit dieser Thematik wurde sich im Rahmen eines studentischen Projekts beschäftigt, dessen Ergebnis ein Plugin für die Entwicklungsumgebung „Eclipse" ist. Mit diesem Plugin ist es möglich, die erzeugten Echtzeit-Module von einem externen PC auf einen oder mehrere IPCs zu laden. Weiterhin besteht die Möglichkeit, die IPCs extern ein- bzw. auszuschalten oder neu zu starten.

Um den modularen Aufbau auszunutzen bietet sich die Implementierung von dezentralen Steuerungen an. Da die einzelnen Module jedoch nicht vollständig voneinander abgekapselt betrachtet werden können ist es notwendig Mechanismen zur Synchronisation zwischen den Steuerrechnern zur Verfügung zu stellen. Es bietet sich an, bekannte Synchronisationsmittel wie Mailboxen und Semaphore so zu erweitern, dass eine netzwerkweite Verwendung möglich ist. Hierzu wird aktuell in einem weiteren Projekt eine Erweiterung der RTAI-API für die Verwendung von Synchronisationsmechanismen im gesamten Netzwerk entwickelt.

Neben den bisherigen Projekten, die zum Ziel hatten grundlegende Werkzeuge zur Verfügung zu stellen wird in Zukunft besonders die Implementierung weiterer Entwicklungsmethoden vorangetrieben. Dies umfasst zum einen den Einsatz eines Remote-Debuggers. Dieser soll ermöglichen, dass die Studierenden das Debugging der Steuerrechner vom entfernten Entwicklungsrechner aus betreiben können. Zum anderen ist der Einsatz von modellgetriebenen Softwareentwicklungswerkzeugen („Model Driven Engineering" (MDE)) geplant. Die Studierenden sollen ihre Lösungen mit modernen Modellierungsverfahren wie UML entwerfen und anschließend automatisiert Code generieren lassen, der sämtliche Echtzeitkriterien erfüllt.

4   Ausbildung an der Hochschule Emden/Leer

Durch Bearbeitung eines Moduls der FESTO-Modellfabrik (z.B. Wareneingang, Lager oder Transportsystem) sollen die Studierenden praxisnah harte und weiche Echtzeitanforderungen im industriellen Umfeld erproben und die in der Vorlesung erlernten theoretischen Grundlagen vertiefen. Die Lösungen der Praktikumsgruppen sollen dabei so gestaltet werden, dass sie im Zusammenspiel mit den restlichen Modulen einen vollautomatisierten Ablauf ergeben, sodass auch das Arbeiten in Gruppen an einem größeren Gesamtprojekt geschult wird. So zählen auch Aufgaben im Projektmanagement, wie das Definieren von Schnittstellen zu den Kernanforderungen. Die Studierenden besitzen ein Semester Zeit, das von ihnen gewählte Modul fertigzustellen. Eine Vorgabe über die genaue Funktionalität die erreicht werden soll, wird nicht gestellt, um die Studierenden nicht in ihrer Kreativität einzuschränken. Am Ende soll jedoch erkennbar sein, dass Echtzeitkriterien eingehalten und die definierten Schnittstellen ineinandergreifend umgesetzt worden sind.

Neben dem regulären Praktikumsbetrieb bietet die FESTO-Modellfabrik zahlreiche Möglichkeiten für studentische Projekte, welche die Entwicklung des Modells vorantreiben. In einer ersten Arbeit wurde eine vollautomatisierte Lösung des gesamten Modells realisiert, die beweisen konnte, dass mit Hilfe von Echtzeitsystemen ein störungsfreier Ablauf möglich ist. Bei der Bearbeitung stellte sich heraus, dass besonders das Transportsystem aufgrund seiner Komplexität eine größere Herausforderung darstellt, sodass hier Routing-Mechanismen eingesetzt werden müssen, um einen flexiblen Ablauf zu garantieren. Eine wichtige Erkenntnis der Arbeit ist, dass sowohl Wareneingang als auch das Lager die Anlage nicht schnell genug mit Werkstücken versorgen können, um das komplexe Transportsystem sinnvoll auszulasten und damit einen Flaschenhals bilden.

Weiterhin hat es im Rahmen von LK^{3}S bereits ein erstes Projekt gegeben, welches die Ergebnisse der agentenbasierten Fertigung in der „Digitalen Fabrik" auf die FESTO-Anlage adaptieren sollte. Das Projekt zeigte, dass die leicht konfigurierbaren Entwicklungen von LK^{3}S mit wenig Programmieraufwand auch auf andere Modellfabriken adaptierbar sind.

5   Einbindung der Studierenden in die Forschung und Entwicklung

Studierende sollen in FuE-Projekten ihre im Studium erworbenen Kenntnisse praktisch weiterentwickeln und haben die Möglichkeit in diesem Rahmen als wissenschaftliche Mitarbeiter angestellt zu werden.

Dabei sammeln sie Erfahrungen durch wissenschaftliche Tätigkeiten wie das Publizieren von Forschungsergebnissen und strukturierter Teamarbeit, die den Studenten auf seine zukünftige Laufbahn optimal vorbereiten. Dies umfasst auch die Förderung von Teamerfahrungen in Kooperation mit internationalen Partnern. Es soll in diesem Zusammenhang nicht nur die Arbeit innerhalb eines Teams trainiert werden, sondern auch erste Erfahrungen im Leiten und Koordinieren einer oder mehrerer Arbeitsgruppen gesammelt werden.

Der Promovierende kann zuvor gesammelte Kenntnisse im Bereich Projektmanagement in der Zeit der Promotion praktisch anwenden, indem er ein Team anführt, welches seine Ideen in Teilprojekten umsetzt. Kleinere Arbeitspakete können durch Studierende in Projekten und Abschlussarbeiten umgesetzt werden, was ein permanent breites Spektrum an Projektangeboten für regulär Studierende zur Folge hat.

6   Ausblick

Für das flexible Fertigungssystem aus FESTO-Komponenten ist bereits die Erweiterung um ein neues Distributionscenter geplant, welches den Flaschenhals des Wareneingangs beseitigen wird. Mit dieser Ergänzung kann zukünftig bei einem maximalen Durchsatz das volle Potential der Modellfabrik genutzt werden. Durch die Erweiterung wird auch ein aktueller Trend in der Logistik aufgegriffen, der eine Entwicklung weg von mehreren Kleinlagern hin zu einem großen, flexiblen Distributionszentrum vorsieht. Dies unterstützt eine JIT-Bereitstellung, und ermöglicht somit die Reduzierung von Kosten, die durch Kapitalbindung in den Lagern entstehen.

Da die Modellfabrik relativ neu ist, müssen die aktuellen Leitsystem-Prototypen zukünftig ausgebaut werden. Die bereits durchgeführten Projekte bilden die Basis für zukünftige zentrale und dezentrale Fertigungssteuerungen. Diese werden weiter ausgebaut um alle Fähigkeiten von konventionellen und zukünftigen Fertigungsleitsystemen zu implementieren. Dazu gehört auch das Entwickeln von neuen Entwicklungswerkzeugen. So werden zukünftig im Rahmen von Forschungsprojekten Entwicklungswerkzeuge für die Modellierung mit *High-Level Petri-Netzen* entwickelt, mit denen vielversprechende Lösungen für dezentrale Steuerungen umgesetzt werden können.

Die Ergebnisse des FuE-Projekts LK³S, welches das Paradigma der Agententechnologie an einem flexiblen Fertigungssystem umsetzte, wird in aktuellen Arbeiten mit dem SOA-Paradigma verknüpft. Ziel ist es alle Vorteile von *Computer Integrated Manufacturing (CIM)* und alle Fähigkeiten eines MES in einer

Kombination der Paradigmen Agentientechnologie und SOA aus der Sicht der *Systems-of-Systems* umzusetzen.

Das im LK³S-Projekt eingesetzte Framework JADE (Java Agent DEvelopment Framework) wird in aktuellen Projekten durch eine eigene Agentenplattform auf Basis der funktionalen Programmiersprache Erlang ersetzt. Diese Programmiersprache zeichnet sich durch hohe Robustheit, Fehlertoleranz und Performance in hoch verteilten Systemen aus. Da auch die moderne Fertigung zunehmend durch verteilte Systeme geprägt ist, sollen die Vorteile von funktionalen Programmiersprachen als Middleware in der industriellen Fertigung erprobt werden. Bei Erfolg werden dadurch komfortable Plug-and-Play-Verhalten ermöglicht; z.b. beim Hinzufügen von neuen Fertigungszellen in das Fertigungssystem.

Zuletzt sollten aktuelle Projekte im Bereich Cluster-Computing in der industriellen Fertigung erwähnt werden. Durch die Nutzung von GPUs (z.b. NVIDIA Tesla über CUDA) ist es möglich bspw. high performance CAQ *(Computer Aided Quality assurance)* zu realisieren. Kamerastreams können in hoher Geschwindigkeit ausgewertet werden und so z.b. Industrieroboter im Bereich der Präzision unterstützen. Dadurch können Fehlerfälle oder Ausschuss frühzeitig vermieden werden.

Im Bereich Simulation und Diagnose sind weitere Projekte geplant. So ist es möglich, das Verhalten von Agenten zu simulieren um Fehler frühzeitig zu erkennen. Eine besondere Herausforderung wird hier das Thema Remote-Debugging in dezentralen Multiagentensystemen werden.

Literaturverzeichnis

1. Schmidtmann, U.; Kreutz, G.; Barkhoff, M.; Virkus, K.; Stockmann, T.; Jovic, M.: *Microprogrammable hardware abstraction layer for flexible automation* Emerging Technologies & Factory Automation, 2009. ETFA 2009. IEEE Conference on , vol., no., pp.1-7, 22-25 Sept. 2009
2. Karnouskos, S.; Colombo, A.W.; Jammes, F.; Delsing, J.; Bangemann, T.: *Towards an architecture for service-oriented process monitoring and control* IECON 2010 - 36th Annual Conference on IEEE Industrial Electronics Society , vol., no., pp.1385-1391, 7-10 Nov. 2010
3. Heinrich, B.; Berling, B.; Thrun, W. & Vogt, W.: *Messen, Steuern, Regeln* Vieweg, 2005
4. MESA International: *MES Explained: A High Level Vision, White Paper 6 MESA* Pittsburgh: Manufacturing Execution Systems Assoc, 1997
5. Cannata, A.; Gerosa, M.; Taisch, M.: *SOCRADES: A framework for developing intelligent systems in manufacturing* Industrial Engineering and Engineering Management, 2008. IEEM 2008. IEEE International Conference on , vol., no., pp.1904-1908, 8-11 Dec. 2008
6. Colombo, A. W.: *SOCRADES: Steps Towards the Factory of the Future* Projects Magazine EU, British Publishers Inc. 12 , 20-23.
7. Colombo, A. W., and Karnouskos, S. Towards: *The Factory of the Future: A Service-Oriented Cross-Layer Infrastructure* The European Telecommunications Standards Institute (ETSI) Book on: ICT Shaping The World - A Scientific View, Chapter 6. John Wiley and Sons Ed. (April 2009).

Umsetzung eines Online-SLAM-Verfahrens auf der Roboterplattform Volksbot-Lab

Frank Engelhardt*

Fakultät für Informatik
Otto-von-Guericke-Universität Magdeburg
frank.engelhardt@st.ovgu.de

Zusammenfassung. Der Einsatz in unbekannten Umgebungen stellt für mobile autonome Roboter eine besondere Herausforderung dar. Sie müssen in der Lage sein, Informationen über diese Umgebung zu sammeln und geeignet zu verwalten, sodass sie sich sicher orientieren und durch sie navigieren können. Diese grundlegende Problemstellung ist als Simultaneous Localization and Mapping (SLAM) bekannt. Soll hierfür eine Online-Lösung umgesetzt werden, kann deren Zeitverhalten von großer Bedeutung sein, etwa wenn für die gelieferten Informationen eine hohe Aktualisierungsrate verlangt wird. Im Rahmen dieser Arbeit wurde ein Online-SLAM-Verfahren mit vorhersagbarer Laufzeit auf einer konkreten Roboterplattform umgesetzt und dessen Ergebnisqualität sowie Zeitverhalten in einer realen Testumgebung evaluiert.

1 Einleitung

In der mobilen Robotik stellt die Kenntnis über die Beschaffenheit der Umgebung, in der sich ein Roboter bewegt, einen wichtigen Schlüssel dar, um einen hohen Grad an Autonomie zu erreichen. Erst durch die Verfügbarkeit einer Umgebungskarte in geeigneter Form werden viele grundlegende Abläufe ermöglicht, wie etwa Entscheidungsfindungen oder Pfadplanung. Nicht immer steht eine solche Karte von Anfang an zur Verfügung; oft werden Roboter in ihnen unbekannten Umgebungen eingesetzt, von denen sie sich zunächst eigenständig ein Bild machen müssen.

Ein Problem besteht für den Roboter zudem in der Bestimmung seiner eigenen Position. Es wird angenommen, dass diese lediglich inkrementell erfolgen kann, d.h. der Roboter kann durch seine Sensoren nur eine Positionsänderung relativ zum Standort seiner letzten Messung ermitteln. Seine absolute Position erhält er, indem er die entsprechenden Sensordaten aufaddiert. Durch die daraus resultierende Fehlerfortpflanzung kann der absolute Fehler beliebig hoch werden. Durch diese Einschränkung kann lediglich verlangt werden, dass die Positionsbestimmung konsistent zur erstellten Umgebungskarte erfolgt, nicht aber, dass sie innerhalb globaler Fehlerschranken bleibt.

---

* Für Anregungen und Diskussionen danke ich Timo Lindhorst und Dr. Ansgar Bredenfeld.

W.A. Halang (ed.), *Herausforderungen durch Echtzeitbetrieb*, Informatik aktuell,
DOI 10.1007/978-3-642-24658-6_8, © Springer-Verlag Berlin Heidelberg 2012

Zwischen den beiden Aufgaben Kartenerstellung und Lokalisierung bestehen Abhängigkeiten [1], sodass entsprechende Lösungsansätze diese integriert bearbeiten müssen. Für dieses als *Simultaneous Localization and Mapping (SLAM)* bekannte Problem existieren durch diese Abhängigkeit vorwiegend relativ aufwändige Lösungen.

Sollen darüber hinaus Online-Lösungen zum Einsatz kommen, können zusätzliche Bedingungen hinsichtlich des Zeitverhaltens gelten. Idealerweise beeinflusst SLAM die eigentlichen Handlungen des Roboters nicht, d.h. es läuft kontinuierlich als eigenständiger Prozess ab, der von anderen Tätigkeiten weitgehend unabhängig ist. Dieser Prozess erhält lediglich Sensoreingaben (Odometrie und Umgebungssensoren, etwa Laserscanner) als Eingabe und gibt die aktuelle Umgebungskarte sowie die Position des Roboters auf dieser Karte aus. Die Aktualität der Ausgaben spielt etwa dann eine wichtige Rolle, wenn der Roboter zu jeder Zeit auf äußere Einflüsse angemessen reagieren soll. Um diese Aktualität zu garantieren, muss SLAM ein möglichst vorhersagbares Zeitverhalten aufweisen.

Das Online-SLAM-Verfahren, das in dieser Arbeit konzeptioniert und umgesetzt wurde, besitzt eine konstante Laufzeit hinsichtlich der Größe des bereits erkundeten Gebietes, sodass eine hohe zeitliche Vorhersagbarkeit gegeben ist. Das Konzept basiert auf dem Verfahren TinySLAM [2], das im Hinblick auf das Zeitverhalten modifiziert wurde. Die Umsetzung erfolgte auf dem Roboter Volksbot-Lab [6], der mit einem Laserscanner zur Wahrnehmung der Umgebung ausgestattet ist. Der verbaute Echtzeitcontroller, auf dem die Umsetzung läuft, besitzt eine 533 MHz PowerPC-CPU sowie 512 MB Arbeitsspeicher.

2   Simultaneous Localization and Mapping

Bei SLAM unterscheidet man je nach Zielstellung zwischen seiner Offline- und Online-Variante. Beim Offline-SLAM-Problem wird die Karte zusammen mit dem gesamten gefahrenen Pfad des Roboters gesucht, beim Online-SLAM-Problem neben der Karte nur die Roboterposition zu einem gegebenen Zeitpunkt. Wie der Name bereits andeutet, gilt es, das Online-SLAM-Problem zumeist während der Aktivität des Roboters zu lösen.

Für die Lösung beider Varianten stehen Lösungsansätze zur Verfügung, die sich grob in drei Klassen einteilen lassen [1]: Verfahren nach dem Prinzip des Kalmanfilters, graphenbasierte Verfahren und partikelfilterbasierte Verfahren, wobei graphenbasierte Verfahren primär das Offline-SLAM-Problem lösen und hier nicht näher erläutert werden.

Die Nutzung von Kalmanfiltern gehörte zu den ersten Lösungsansätzen für SLAM [1]. Obwohl gewisse Qualitätsgarantien gegeben werden können, etwa dass die ermittelte Roboterposition mit der Zeit gegen die tatsächliche Position konvergiert [3], werden Kalmanfilter selten eingesetzt, da Laufzeit und Speicherplatzbedarf quadratisch mit der Anzahl der erfassten Landmarken steigen.

Partikelfilterbasierte Ansätze eignen sich durch ihre gegenüber Kalmanfiltern stark verringerte Laufzeit besonders gut für die Lösung des Online-SLAM-Problems. Hierbei werden mehrere Annahmen über die Roboterposition sowie über die Karte gleichzeitig verfolgt. Ein Partikel entspricht einem Paar aus Annahmen über Roboterposition und Karte, wobei jedes Partikel unabhängig aktualisiert wird. Dasjenige Partikel, mit den zum jeweiligen Zeitpunkt plausibelsten Annahmen, wird als Ergebnis ausgegeben. Beispiele für solche Verfahren sind FastSLAM [4] und DP-SLAM [5].

Einige Varianten dieser Verfahren besitzen eine von der erfassten Kartengröße unabhängige Laufzeit. Ihr Hauptnachteil ist jedoch der hohe Speicherverbrauch [2], der durch die Notwendigkeit einer gewissen Mindestpartikelzahl entsteht.

Der Algorithmus TinySLAM, der ebenfalls auf Basis von Partikeln arbeitet, begegnet dem hohen Speicherplatzverbrauch durch die Beschränkung auf eine einzige zu speichernde Karte. Zudem arbeitet er sehr effizient und kann durch Modifikationen mit einer vorhersagbaren Laufzeit ausgeführt werden. Aufgrund dieser Vorteile dient er als Basis für die hier entwickelte SLAM-Umsetzung.

3 Konzeption und Umsetzung

In seiner ursprünglichen Version unterteilt sich jeder Iterationsschritt von TinySLAM in die Teilschritte Lokalisierung und Kartenerstellung. Die Iteration entspricht dabei dem zeitlichen Fortschritt aller vorkommenden Ereignisse, d.h. ein Iterationsschritt wird mit dem Erhalt neuer Sensordaten angestoßen und endet mit der Ausgabe der aktuellen Annahmen über Roboterposition und Karte.

Die Lokalisierung erfolgt durch eine Monte-Carlo-Suche: Ausgehend von der letzten bekannten Roboterposition werden zufallsbasiert Stichproben möglicher derzeitiger Positionen (Partikel) in einem lokal begrenzten Bereich erzeugt. Auf diese Partikel werden die aktuellen Daten des Laserscanners abgebildet, sodass der Sichtbereich des Scanners mit der Karte verglichen werden kann. Durch ein geeignetes Korrelationsverfahren kann so die Plausibilität des Partikels ermittelt werden. Im Gegensatz zu FastSLAM wird jedoch nur das plausibelste dieser Partikel weiterverarbeitet, alle anderen werden verworfen.

Bei der Kartenerstellung werden die Scannerdaten auf die Karte abgebildet, indem erkannte Hindernisse und der freie Sichtbereich des Scanners entsprechend eingetragen werden. Durch Maßnahmen wie Alpha-Blending wird verhindert, dass alte Karteninformationen abrupt überschrieben werden, sodass diese allmählich mit neuen Informationen verschmelzen. Die Eintragung von Hindernissen erfolgt zudem mit einer gewissen Unschärfe, um weichere Verläufe bei der Korrelationsbestimmung in der Lokalisierungsphase zu erhalten. Die Laufzeit des Kartenerstellungsschrittes hängt von der Fläche ab, die der Laserscan in der Umgebung überdeckt. Diese hat jedoch eine obere Schranke, die durch die Parameter des Scanners bestimmt wird.

Ein Problem beim ursprünglichen TinySLAM liegt in der Monte-Carlo-Suche, bei der solange neue Partikel erzeugt werden, bis eine gewisse Lösungsgüte erreicht wird, mindestens aber 1000. Dies garantiert zwar zunächst eine höhere Qualität der Schätzungen, jedoch ist die Antwortzeit nicht vorhersagbar. Dies hat nicht nur Auswirkungen auf das Zeitverhalten, sondern auch direkt auf die Qualität von SLAM: Dauert die Verarbeitung eines Scans zu lang, müssen eventuell nachfolgende Scans verworfen werden. Durch die verlorene Information kann die Positionsbestimmung des Roboters in dieser Zeit ggf. nicht mehr konsistent zur Karte erfolgen, sodass in der Karte leicht Mehrdeutigkeiten entstehen.

Zur Umgehung dieses Problems wurde die Anzahl der erzeugten Partikel in der Monte-Carlo-Lokalisierung auf einen festen Wert gesetzt. In Experimenten stellte sich ein Wert von fünf Partikeln als absolut ausreichend heraus, um eine sehr gute Kartenqualität zu erhalten. Durch diese Fixierung erhält der Algorithmus eine obere Laufzeitschranke; seine konkrete Laufzeit hängt nur von der Scannerauflösung ab.

Im Bezug auf die Schätzqualität wurde zusätzlich die Modifikation vorgenommen, Kartenerstellungsschritte nicht mehr in jeder Iteration auszuführen. Das Aktualisieren der Karte erfolgt dann zwar seltener, jedoch ist die Wahrscheinlichkeit höher, dass zu diesen Zeitpunkten eine gute Positionsschätzung vorliegt. Die Güte dieser Schätzung wirkt sich weiter auf die Güte der Karte aus. In den experimentellen Untersuchungen hat sich bei einem Verhältnis von einem Kartenerstellungsschritt nach zehn Lokalisierungsschritten eine merkliche Verbesserung der Ergebnisqualität ergeben.

Als Zeitschranke für die Ausführung eines Iterationsschrittes werden 20 Millisekunden angestrebt, was der Bildwiederholrate des Laserscanners entspricht. Hierdurch wird eine maximale Ausnutzung der zur Verfügung stehenden Informationen sichergestellt. Die Evaluierung des Zeitverhaltens kann jedoch nur empirisch erfolgen, da auf dem Echtzeitcontroller zahlreiche nicht näher spezifizierte Prozesse ablaufen.

4 Evaluierung

Die Umsetzung wurde in einem etwa 70 Meter langen und zwei Meter breiten Flur sowie einigen angeschlossenen Laborräumen evaluiert. Abbildung 1 zeigt eine offline erstellte Karte, die mit aufgezeichneten Daten einer zweimaligen Hin- und Rückfahrt durch den Flur erstellt wurde.

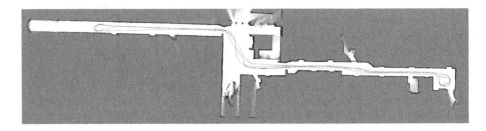

Abb. 1. Zurückgelegter Pfad und offline generierte Karte der Testumgebung.

Unter der Bedingung, dass Ausreißer in den Odometriewerten vermieden werden, war die erzielte Kartenqualität in allen Testfahrten insgesamt hoch. Auftretende Mehrdeutigkeiten in der Karte entstehen besonders in merkmalsarmen

Umgebungen, in denen Laserscans an mehreren Stellen mit der Karte korrelieren können. Abbildung 2 zeigt eine solche Umgebung, in der die Position einer Tür nicht eindeutig bestimmt wurde.

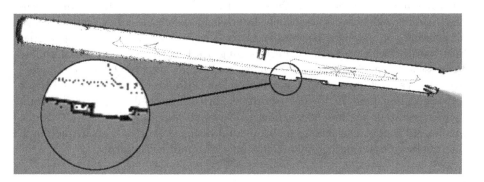

Abb. 2. Mehrdeutigkeiten in einer merkmalsarmen Umgebung (offline erstellt).

Tabelle 1 stellt die Auswertung des Zeitverhaltens der Online-Umsetzung über einen Zeitraum von etwa 24 Minuten dar. Die ersten vier Zeilen listen Mittelwert, Standardabweichung und Maximum der gemessenen Laufzeiten der einzelnen Teilschritte auf, die für SLAM durchzuführen sind. Die Summe dieser Laufzeiten entspricht der eines Iterationsschrittes (wobei die Kartenerstellung nur in jedem zehnten Schritt ausgeführt wird). Es zeichnet sich zunächst ab, dass die Werte stark streuen und die Angabe einer maximalen Schranke kaum möglich ist, obwohl zumindest die ersten drei Teilschritte in der Theorie eine konstante Laufzeit aufweisen. Als Grund für dieses Verhalten konnten systemnahe Prozesse der Softwareumgebung ausgemacht werden, die auf dem Controller ablaufen und sich durch ihre Unvorhersagbarkeit und höhere Prioritäten störend auf das Zeitverhalten auswirken.

Tabelle 1. Zeitverhalten von SLAM auf dem Volksbot-Lab. Werte jeweils in Millisekunden (Realzeit).

	Mittelwert	Standardabw.	Maximum
Erhalt von Sensoreingaben	5,58	2,92	96,09
Vorbereitung der Sensordaten	0,99	0,69	112,33
Monte-Carlo-Suche	4,99	0,94	47,47
Kartenerstellung	6,08	1,69	43,65
Aufrufintervall von SLAM	22,82	16,08	475,58

Ebenfalls in Tabelle 1 dargestellt ist das erreichte Aufrufintervall von SLAM auf dem Controller. Die Auslösung eines Iterationsschrittes erfolgt zeitgesteuert im angestrebten Intervall von 20 ms, jedoch erfolgt aufgrund der konkurrierenden systemnahen Prozesse die Ausführung meist verspätet. Die Verspätung führt im Mittel dazu, dass die Zeitschranke von 20 ms nicht eingehalten werden kann.

Da dies zwangsläufig zu verworfenen Scans führt, bestünde damit die Gefahr, dass Qualitätseinbußen im Vergleich zur Offline-Umsetzung in Kauf zu nehmen sind. Diese Befürchtung stellte sich jedoch als unzutreffend heraus. Die SLAM-Umsetzung ist sehr robust gegenüber dem Verwerfen von Scans und in der Lage, auch bei ausschließlicher Betrachtung von lediglich jedem vierten Scan ein gutes Ergebnis zu liefern. Tatsächlich unterscheiden sich die unter dieser starken Einschränkung erstellten Karten kaum von den hier gezeigten, bei denen jeder Scan verarbeitet wurde. Die Unterbrechung des Programmflusses durch andere Prozesse auf dem Controller erfolgt meist in Schüben von etwa 60 Millisekunden, was zum Verwerfen von drei Scans führen kann. Konkret konnten im in Tabelle 1 dargestellten Lauf 77,1% der Iterationsschritte innerhalb von 20 Millisekunden fertiggestellt werden, 99,9% innerhalb von 80 Millisekunden. Somit wurden nur bei 0,1% aller Durchläufe mehr als drei Scans verworfen. Fehler, die durch ungünstiges Zeitverhalten entstehen, sind also unwahrscheinlich.

5   Fazit

Die Ausführung von SLAM mit einer konstanten Laufzeit in Bezug auf die Kartengröße hat den Vorteil, dass mit zunehmendem Erkundungsfortschritt keinerlei Abstriche bei der Ergebnisqualität oder dem Zeitverhalten gemacht werden müssen. Ein solches Verfahren kann unabhängig von anderen Aufgaben auf dem Roboter ausgeführt werden und sorgt durch seine vorhersagbare Antwortzeit für ein hohes Maß an Determinismus.

Die vorgestellte Modifikation des TinySLAM-Algorithmus besitzt diese Eigenschaft und wurde auf einem konkreten Robotersystem zum Einsatz gebracht. Diese Implementierung findet derzeit Anwendung in einer Lehrveranstaltung der Fakultät für Informatik der Universität Magdeburg, in der auf SLAM aufbauende Anwendungen wie Pfadplanung in Multirobotersystemen von Studenten konzipiert und umgesetzt werden.

Literaturverzeichnis

1. Thrun, S.: *Simultaneous Localization and Mapping*. In: Jefferies, M. (Hrsg.); Wai-Kiang Y. (Hrsg.): Robotics and Cognitive Approaches to Spatial Mapping : Springer Tracts in Advanced Robotics. Vol. 38, pp. 13-41. Springer Berlin/Heidelberg, 2008
2. Steux, B.; El Hamzaoui, O.: *tinySLAM: A SLAM algorithm in less than 200 lines C-language program*. In: 2010 11th International Conference on Control Automation Robotics & Vision (ICARCV), pp. 1975-1979, 7-10 Dec. 2010
3. Csorba, M.: *Simultaneous Localisation and Mapping*. PhD thesis, Univ. of Oxford, 1997
4. Montemerlo, M.; Thrun, S.; Koller, D.; Wegbreit, B.: *FastSLAM: A Factored Solution to the Simultaneous Localization and Mapping Problem*. In: Proceedings of the AAAI National Conference on Artificial Intelligence, pp 593-598, 2002.
5. Eliazar, A.; Parr, R.: *DP-SLAM: fast, robust simultaneous localization and mapping without predetermined landmarks*. Proceedings of the 18th Int. Joint Conference on Artificial intelligence, pp. 1135-1142, 2003. Morgan Kaufmann Publishers Inc.
6. www.volksbot-lab.de

Entwurf eines FPGA-Cores zur Simulationsbeschleunigung zeitkontinuierlicher Modelle im HiL-Kontext

Till Fischer

FZI Forschungszentrum Informatik
76131 Karlsruhe
tfischer@fzi.de

Zusammenfassung. Für Hardware-in-the-Loop (HiL) Tests ist zur Simulation der Umgebung von Steuergeräten gegebenenfalls das Lösen von Differentialgleichungen in Echtzeit erforderlich. Um den hohen Anforderungen an die Echtzeitfähigkeit gerecht zu werden, ist die Verwendung spezialisierter Hardwarebeschleuniger eine Möglichkeit. Das Lösen linearer Gleichungssysteme ist eine geeignete Problemstellung, welche dazu effizient in Hardware ausgelagert werden kann. In diesem Artikel wird eine entsprechende FPGA-Implementierung vorgestellt, welche beliebige Fließkomma-Formate unterstützt und Maßnahmen zur Verbesserung der numerischen Stabilität (Pivotierung) anwendet.

1 Einleitung

Es gibt immer weniger technologische Entwicklungen, die ohne ein komplexes Zusammenspiel vieler einzelner Teilkomponenten auskommen. Das gilt für ursprünglich einfache Geräte wie ein Telefon inzwischen genauso wie für einen Kommunikationssatelliten. Dabei besteht in den meisten Fällen eine rege Wechselwirkung zwischen den verschiedenen Bestandteilen des Produkts. Insbesondere in Bereichen der Automobilindustrie oder der Luft- und Raumfahrttechnik kommt eine Vermischung digitaler und analoger Komponenten hinzu. In einem modernen Kraftfahrzeug betrifft das zum Beispiel vergleichsweise einfache, aber kritische Systeme wie ABS oder Airbags, aber auch äußerst komplexe Funktionen wie Einparkautomatik, Spurassistenz- oder Navigationssysteme. Die Zahl der hierfür nötigen Steuergeräte nimmt dabei stetig zu.

Diese hohe Komplexität macht ein frühzeitiges Testen der Teilkomponenten wichtiger denn je. Im Zuge der Globalisierung sind die Entwicklungsprozesse allerdings immer stärker verteilt; Tests in einer realen Umgebung sind immer seltener möglich. Zum Test von Steuergeräten hat sich daher die HiL-Simulation als integraler Bestandteil im Entwicklungsprozess etabliert [1]. Dabei wird die Umgebung des konkreten Steuergeräts in Echtzeit simuliert; die übrigen Komponenten sind also nicht real vorhanden, sondern durch ein Modell beschrieben. In dieser virtuellen Umwelt ist ein intensives Testen schon in einem frühen Entwicklungsstadium möglich.

W.A. Halang (ed.), *Herausforderungen durch Echtzeitbetrieb*, Informatik aktuell,
DOI 10.1007/978-3-642-24658-6_9, © Springer-Verlag Berlin Heidelberg 2012

Voraussetzung ist das Vorhandensein eines präzisen Modells der Umgebung des Steuergeräts. Mit dessen Hilfe werden in jedem Simulationsschritt die korrekten Werte für alle Eingangsgrößen der zu testenden Komponente berechnet. Da eine solche Simulation außerdem fast immer Echtzeitanforderungen unterliegt, ist diese Berechnung nicht trivial. Werden zusätzlich, wie z.b. bei der Simulation von Elektromotoren, Antwortzeiten in der Größenordnung von 1 µs benötigt, kann diese kaum mehr von herkömmlichen Prozessoren berechnet werden. Diesem Problem kann durch die Integration spezieller Hardwarebeschleuniger in das jeweilige Testsystem begegnet werden. Ein Beispiel für eine solche Komponente ist der im Rahmen einer Diplomarbeit [2] entworfene *LESCore* (Linear Equation Solver Core) zur Lösung linearer Gleichungssysteme.

2   Vorüberlegungen zur Problemstellung

Viele Steuergeräte im betrachteten Umfeld weisen eine Wechselwirkung mit analogen oder mechanischen Komponenten auf, es kommt daher für eine realistische Simulation zumeist nur ein zeitkontinuierliches Modell in Frage. Steigt außerdem die Komplexität der simulierten Umgebung oder die Zahl der vom Modell erfassten Einflüsse, treten dabei Differentialgleichungen auf, die zur Simulationszeit gelöst werden müssen. Dazu existieren verschiedene iterative Verfahren, welche grundsätzlich entweder als explizit oder als implizit bezeichnet werden können. Während bei expliziten Verfahren das Stabilitätsgebiet beschränkt ist, und sehr kleine Schrittweiten gewählt werden müssen, ist ein implizites Verfahren auch für größere Schrittweiten numerisch stabil. Der Nachteil ist, dass in jedem Iterationsschritt das Lösen eines linearen oder gar nichtlinearen Gleichungssystems erforderlich ist, wobei sich Letzteres durch das Newton-Verfahren auf mehrere lineare Gleichungssysteme reduzieren lässt.

Letztes Teilproblem tritt also in jedem Simulationsschritt auf. Außerdem zeichnet es sich durch eine hohe Nebenläufigkeit aus und ist damit ein vielversprechender Kandidat, um zur Beschleunigung der Berechnung in Hardware ausgelagert zu werden. In [3] und [4] wurde diese Problemstellung bereits für eine FPGA-Zielplattform betrachtet. In beiden Fällen wird die Lösung direkt mittels der LR-Zerlegung bestimmt. Dieses Vorgehen ist auch im Kontext von diesem Artikel sinnvoll: Zum Einen ist der zu erwartende Kontrollflussanteil bei einem direkten Verfahren geringer als bei einem iterativen, was den Hardwareentwurf vereinfacht. Außerdem ist durch die Echtzeitanforderung die Vorhersagbarkeit der Ausführungszeit wichtig, was bei einem iterativen Verfahren aufgrund von Nichtkonvergenz für ungünstige Startwerte schwer möglich ist. Ein entscheidender Nachteil der zuvor erwähnten Ansätze ist es allerdings, dass dort das Auftreten einer Null auf der Hauptdiagonalen der Koeffizientenmatrix unzulässig ist; außerdem wir auf Maßnahmen zum Erhalt der numerischen Stabilität verzichtet. Beiden Problemen kann durch das Vertauschen von Zeilen in der Koeffizientenmatrix begegnet werden. Der LESCore enthält eine entsprechende Implementierung.

3 Vorüberlegungen zur Architektur

Aus dem gegebenen Umfeld erhält man einige Rahmenbedingungen, die den Entwurf einer geeigneten Architektur mitbestimmen. Skalierbarkeit der verwendeten Ressourcen ist wichtig, damit das Design auch an andere Zielplattformen angepasst werden kann. Der Ressourcenbedarf soll zugunsten von Performanz oder Genauigkeit einstellbar sein. Des weiteren ist die Speicherung der Koeffizienten zu betrachten. Typische Modelle aus dem HiL-Kontext führen zu Gleichungssystemen mit nicht mehr als einigen hundert Unbekannten, es kommt also auf dem FPGA integrierter Speicher in Frage. Der LESCore verwendet den auf Xilinx FPGAs verfügbaren Block RAM.

Als Lösungsverfahren wird aus den bereits genannten Gründen ein direktes Vorgehen verwendet. Neben der LR-Zerlegung existieren hier nur wenige weitere Verfahren, die zumeist eine Abwandlungen dieses Vorgehens darstellen, aber auf Spezialfälle eingeschränkt sind. Die LR-Zerlegung selbst beruht auf dem Gauß-Algorithmus, welcher sich in seiner Grundform wie folgt darstellt:

Algorithmus 1 Gauß-Algorithmus

  for $k = 1 \rightarrow n - 1$ **do**
    for $j = k + 1 \rightarrow n - 1$ **do**
      $\text{row}_j = \text{row}_j - \left(\mathbf{A}_{jk} \div \mathbf{A}_{kk}\right) \cdot \text{row}_k$
    end for
  end for

Der Ausdruck row bezeichnet dabei eine Zeile des *Gleichungssystems*; d.h. die entsprechende Zeile der Koeffizientenmatrix $\mathbf{A}$ zusammen mit dem zugehörigen Teil der rechten Seite. Die Matrix wird also in eine Rechtsdreiecksmatrix $\mathbf{R}$ überführt, indem sukzessiv alle Einträge unterhalb der Hauptdiagonalen durch Nullen ersetzt werden. Anschließend kann die Lösung durch wiederholtes Einsetzen direkt ausgerechnet werden. Die LR-Zerlegung unterscheidet sich nun insofern, dass hier alle Operationen ausschließlich auf der Matrix $\mathbf{A}$ erfolgen, und die Änderungen in einer zusätzliche Linksdreiecksmatrix $\mathbf{L}$ protokolliert werden, sodass gilt $\mathbf{A} = \mathbf{L} \cdot \mathbf{R}$. Die konkrete Lösung für das ursprüngliche Gleichungssystem mit der rechten Seite als Vektor $\mathbf{b}$ erhält man dann durch Lösen der beiden einfachen Systeme $\mathbf{L} \cdot \mathbf{y} = \mathbf{b}$ und $\mathbf{R} \cdot \mathbf{x} = \mathbf{y}$ mittels Einsetzen.

Das ist sinnvoll, wenn das Ergebnis der Zerlegung wiederverwendet werden kann, um mehrere Gleichungssysteme zu lösen, die sich nur in der rechten Seite unterscheiden. Für das erstmalige Finden einer Lösung ist der Aufwand durch das zusätzliche Einsetzen aber höher als mit dem Gauß-Algorithmus, welcher daher für den LESCore ausgewählt wurde. Die LR-Zerlegung zu erhalten ist jedoch leicht möglich und gegebenenfalls erwünscht, falls beim Verfahren zur Lösung der Differentialgleichung in einigen Iterationsschritten auf die Neubestimmung der Jacobi-Matrix verzichtet wird, wodurch auch die Matrix $\mathbf{A}$ unverändert bleibt.

Eine weitere Anforderung ist numerische Stabilität. Hierzu wurde ein Pivotie-
rungsverfahren integriert. Dafür wird zu Beginn des k-ten Durchlaufs der äußeren
Schleife von Algorithmus 1 die Spalte k der Matrix **A** nach dem Betragsmaximum durchsucht, und die entsprechende Zeile mit der k-ten Zeile vertauscht.
Falls **A** zudem regulär ist, wovon bei einem gültigen Modell immer ausgegan-
gen werden kann, werden dabei Nullen auf der Hauptdiagonalen automatisch
vermieden.

4   LESCore-Architektur

Einen Überblick über die Architektur verschafft Abbildung 1. Der größte Teil
der Kontrolllogik befindet sich in den Zustandsautomaten Gauss FSM und In-
sert FSM, welche den Algorithmus zur Lösung des Gleichungssystems implementieren. Die globale Steuerung (z.B. Behandlung des Signals zum Starten der
Berechnung) übernimmt dabei ein zusätzlich vorhandener Controller. Hier wird
auch der Zugriff auf den internen Speicher verwaltet. In diesen müssen die Koeffizienten des Gleichungssystems vor der Berechnung geschrieben werden; der
Lösungsvektor steht ebenfalls dort zur Verfügung. Der jeweilige Speicherbereich
ergibt sich aus einem zentralen Designparameter N. Dieser bezeichnet die maximal verfügbare Berechnungsparallelität und bestimmt dazu die Anzahl der
Fließkomma-Einheiten in der Parallel FPU und Block RAM IP-Cores im Parallel
Accessible Memory Modul.

Der wesentliche Teil der Logik liegt damit im Parallel FPU Controller. Dieser implementiert eine kleine Anzahl paralleler Operationen, die auf den Gauß-
Algorithmus und das anschließende Einsetzen zugeschnitten sind. Ein Beispiel
wäre die Subtraktion einer Zeile der Koeffizientenmatrix von einer anderen. Für
$N \geq dim(\mathbf{A})$ lässt sich damit ein Durchlauf der inneren Schleife in Algorithmus 1 weitgehend parallelisieren. Da N jedoch nicht beliebig groß gewählt werden kann, ist diese Voraussetzung in der Praxis nicht gegeben; tatsächlich erfolgt
die Verarbeitung einer Zeile daher in Blöcken der Größe N.

Für die Pivotierung ergibt sich durch diesen zeilenbasierten Zugriff jedoch
ein Problem, da hier auf alle Koeffizienten einer *Spalte* zugegriffen werden muss,
um das Betragsmaximum zu finden. Soll diese Suche effizient erfolgen, muss
das ebenfalls nebenläufig geschehen können. Hierzu existiert im Parallel Memory Controller ein spezieller Cache, welcher die entsprechenden Werte bereithält;
die Zeilennummer des Betragsmaximums wird von der PFPU dann mit einer
logarithmischen Anzahl von Vergleichsoperationen gefunden.

Der LESCore lässt sich außerdem durch zwei weitere Parameter modifizieren:
es kann das verwendete Fließkommaformat (Anzahl Bits für Exponent und Man-
tisse) sowie die verfügbare Speichertiefe eingestellt werden. Ersteres hat Auswirkungen sowohl auf die PFPU als auch das PAM Modul, während letzteres nur den
Speicher betrifft, zudem aber die maximal unterstützte Größe der Gleichungssysteme beeinflusst.

5 Ergebnisse

Der LESCore löst lineare Gleichungssysteme vollständig in Hardware. Es kommt dabei Pivotierung zum Einsatz; dabei wird außer Regularität keine weitere Anforderung an das Gleichungssystem gestellt. Auf der Xilinx ML605 Evaluationsplattform wurde ein Prototyp erstellt, um die Funktionsfähigkeit des Entwurfs zu demonstrieren. Dazu wurden zufällig erzeugte Gleichungssysteme von einem Host-PC auf den FPGA übertragen und nach der Berechnung die Ergebnisse überprüft. Außerdem wurde eine Worst-Case Analyse der Laufzeit durchgeführt, deren Ergebnisse in Abbildung 2 dargestellt sind. Für den Vergleich mit Softwarelösungen wurden Matlab sowie OpenCV betrachtet; letzteres ist eine Programmierbibliothek, welche von speziellen Prozessorfeatures des verwendeten Intel Core2 Duo Gebrauch macht. Skaliert man die hier gemessene Zeit entsprechend der höheren Taktrate des Softwareprozessors, ergibt sich eine Effizienzsteigerung von Faktor 3 gegenüber Matlab und 2,2 gegenüber OpenCV.

Ebenfalls vom Parameter N abhängig ist der Ressourcenverbrauch; für das Fließkomma-Format wird im Folgenden einfache Genauigkeit angenommen. Auf dem VLX240T FPGA (Speed Grade -1) liegt die benötigte Anzahl Slices dann zwischen 2547 (7%, N=4) und 14549 (39%, N=32). Es kann dabei für kleinere Designs eine Taktrate von 187 MHz erreicht werden. Da sich der kritische Pfad auch für größere Designs in einer der Fließkomma-Einheiten befindet, ändert sich die vom Synthese-Tool prognostizierte Taktrate nicht, sinkt in der Praxis für N=32 wegen knappen Verdrahtungskanälen jedoch auf 82 MHz.

Bei diesen Werten ist zu Berücksichtigen, dass der implementierte Prototyp noch viel Spielraum für weitere Optimierungen lässt. Insbesondere existieren eine Vielzahl von Synchronisationssignalen zwischen den einzelnen Teilkomponenten. Diese erleichtern zwar den Hardwareentwurf des Algorithmus mit hohem Kontrollflussanteil, sorgen aber auch für unnötige Verzögerungen. Außerdem wird von einer möglichen Pipeline in den Fließkomma-Einheiten kein Gebrauch gemacht. Hier bestätigt sich die immer wieder anzutreffende Erkenntnis, dass es an besser geeigneten Entwurfswerkzeugen fehlt, um algorithmische Strukturen schon auf höherer Abstraktionsebene in Hardware zu übertragen. Weiterführende Arbeiten beschäftigen sich mit Optimierungen der Implementierung und der effizienten Anbindung an einen Host-PC.

Literaturverzeichnis

1. Wältermann, P.: "Hardware-in-the-Loop": Die Technologie zum Test elektronischer Steuerungen und Regelungen in der Fahrzeugtechnik. 6. Paderborner Workshop Entwurf mechatronischer Systeme, Paderborn, 2009
2. Fischer, T.: Entwurf eines FPGA-Cores zur Simulationsbeschleunigung zeitkontinuierlicher Modelle im HiL Kontext. Diplomarbeit, KIT, 2011
3. Gonzalez J. and Núñez R.: LAPACKrc: Fast linear algebra kernels/solvers for FPGA accelerators. Journal of Physics: Conference Series, 2009
4. Zhang W., Betz V. and Rose J.: Portable and Scalable FPGA-Based Acceleration of a Direct Linear System Solver. ICFPT, 2008

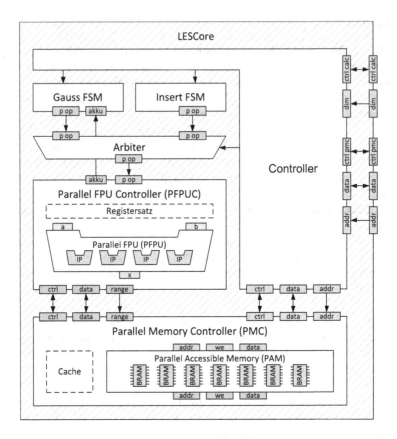

Abb. 1. LESCore Architektur

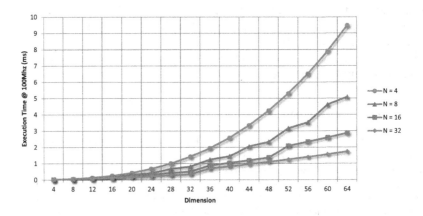

Abb. 2. Maximal benötigte Zeit zur Lösung unterschiedlicher Gleichungssysteme für verschiedene Parametrisierungen

Das atomare Element als Meta-Modell zur tabellarischen Verhaltensbeschreibung von Echtzeitsystemen

Lars Ebrecht und Karsten Lemmer

Institut für Verkehrssystemtechnik,
Deutsches Zentrum für Luft- und Raumfahrt e.V., 38108 Braunschweig
{Lars.Ebrecht,Karsten.Lemmer}@dlr.de

Zusammenfassung. Testen komplexer Funktionen sicherheitsgerichteter Echtzeitsysteme ist sehr aufwändig und kompliziert. In dem Beitrag wird eine tabellarische Verhaltensbeschreibung vorgestellt, die auf Basis des atomaren Elements, das Systemverhalten transparenter und besser verständlich machen soll. Mit Hilfe des atomaren Elements als Meta-Modell kann das Verhalten nicht nur eindeutig, konsistent und genau beschrieben werden, vielmehr kann das Verhalten hierarchisch strukturiert, verfeinert und bzgl. verschiedener systemtechnischer Aspekte differenziert werden.

1 Einleitung

Bei den meisten Echtzeitsystemen ist die funktionale Sicherheit von essentieller Bedeutung. Daher fallen bei der Entwicklung oft nicht unerhebliche Aufwände auf den Bereich der Validierung und Verifikation sowie der Sicherheitsanalyse des Betriebs dieser Systeme. Im Schienenverkehr werden zum Beispiel Leit- und Sicherungstechnik in Echtzeit betrieben, um einen sicheren Bahnbetrieb zu realisieren. Streckenseitig bilden hauptsächlich elektronische Stellwerke (ESTW) und zugseitig Steuerungs- und Sicherungsrechner verteilte, mobile und mit der Umwelt kommunizierende sicherheitskritische Teilsysteme.

Bei dem Europäischen Leit- und Sicherungssystem (ETCS) [1] wird die funktionale Einheitlichkeit und Korrektheit der fahrzeugseitigen Sicherungseinheit unter anderem mit Hilfe des europaweiten Teststandards Subset-076 [2] überprüft. Die Überprüfung der Konformität und Interoperabilität soll sicherstellen, dass Züge mit Sicherungseinheiten von verschiedenen Herstellern ein gleichwertiges Verhalten gegenüber der streckenseitigen Leit- und Sicherungstechnik aufweisen. Unter Beaufschlagung entsprechender Stimuli werden die Fahrzeugeinheiten im Labor über reale Schnittstellen, für z.B. Balisen- und Linienleiter (passive und aktive Hochfrequenzdatenübertragungseinrichtungen), Mobilfunk (GSM-R), digitale Signale (TTL) sowie Rechteck-Signale für die Zugschnittstelle und Zugbewegung sowie ein Touch Screen Display als Mensch-Maschine-Schnittstelle, getestet.

W.A. Halang (ed.), *Herausforderungen durch Echtzeitbetrieb*, Informatik aktuell,
DOI 10.1007/978-3-642-24658-6_10, © Springer-Verlag Berlin Heidelberg 2012

Neben dem normativen Charakter des Teststandards als Referenz und Normal besteht eine Herausforderung darin, wie eine Verhaltensreferenz und -normal zur Abbildung und Beschreibung von Echtzeitverhalten beschaffen sein muss. Das Ziel ist hierbei, eine eindeutige, konsistente, korrekte, verständliche, transparente sowie für Mensch und Maschine (hier zur Testdurchführung) handhabbare Verhaltensbeschreibung zu ermöglichen.

Der Beitrag befasst sich dementsprechend mit der Beschreibung des charakteristischen und gewünschten Verhaltens von Echtzeitsystemen. Es wird eine neue tabellarische Darstellung (Abb. 3) zur Beschreibung des Echtzeit-Verhaltens konkreter Anwendungen vor- sowie zur Diskussion gestellt. Die tabellarische Beschreibung beruht auf einem generischen atomaren Element als Meta-Modell (Abb. 1), das alle essentiellen Elemente des Verhaltens von Echtzeitsystemen in Form eines Petrinetzes beschreibt [3].

1.1   Stand der Technik und verwandte Arbeiten

Die Unified Modelling Language (UML) [4] ist der bekannteste Standard zur Modellierung und -beschreibung diskreter Systeme. UML umfasst verschiedene Diagrammarten und Profile [5] für die Beschreibung und Darstellung von Datenstrukturen, Objekten und Komponenten sowie ihren Interaktionen, Zustandsübergängen und Aktivitäten bis hin zur Prozessmodellierung und Testabläufen. Im Wesentlichen bietet die UML für die Verhaltensbeschreibung Aktivitäts-, Sequenz- und Zustandsdiagramme. Ein spezielles Metamodell zur Beschreibung des Systemverhaltens in Form des atomaren Elements ist nicht definiert. So ist es möglich, das Verhalten eines Systems mit den verschiedenen Verhaltensdiagrammen und ihren unterschiedlichen Betrachtungspunkten inkonsistent und divergierend zu beschreiben [6] [7], wobei die verschiedenen Betrachtungsweisen zur Verhaltensbeschreibung durchaus sinnvoll sind.

Darüber hinaus gibt es verschiedene Profile, die die UML um spezielle anwendungsspezifische Aspekte konkretisieren und spezialisieren, wie zum Beispiel „UML Profile for Modeling and Analysis of Real-time and Embedded Systems", „for Modeling QoS and Fault Tolerance Characteristics and Mechanisms", „for System on a Chip", „UML Testing Profile", „OMG Systems Modeling Language (SysML)" [5]. Zumeist handelt es sich um bekannte, in der Praxis angewandte und akzeptierte Standards bzw. weiterentwickelte Methoden und Ansätze. So wurde zum Beispiel die ursprünglich unter Real-time object oriented Modeling (ROOM) [8] bekannte Notation für diskrete Echtzeitsysteme in dem „UML Profile for Schedulability, Performance and Time" als UML RT fortgeführt. Die Profile enthalten jedoch meist sehr spezielle Ansätze für verschiedene Anwendungsbereiche und lösen das zuvor genannte Problem nicht.

Des Weiteren wurden verschiedene Metamodelle in Zusammenhang mit der UML [9] spezifiziert, die zum einen die Semantik und Beziehungen der UML Elemente und zum anderen anwendungsbereichsspezifische Aspekte definieren, wie zum Beispiel „Meta Object Facility", „Model-level Testing and Debugging", „Common Warehouse Metamodel", „Ontology Definition Metamodel", „Semantics of a Foundational Subset for Executable UML Models", „Software Process Engineering Metamodel". Die gemeinsame Beschreibung von kontinuierlichen und diskreten Prozessen ist hierbei jedoch nicht im Sinne dieses Beitrages behandelt.

Für sicherheitsgerichtete Echtzeitsysteme existiert der Ansatz, die Aktivierung von Funktionen durch Ursache-Wirkungs-Tabellen zu beschreiben [10]. Hierbei werden Abhängigkeiten zwischen Systemfunktionen und ihren Triggerereignissen tabellarisch erfasst. Die Art der Ursache-Wirkungs-Tabelle ist der in diesem Beitrag vorgestellten tabellarischen Verhaltensbeschreibung recht ähnlich. Die tabellarische Verhaltensbeschreibung beschreibt im Vergleich dazu jedoch Funktionen von Echtzeitsystemen ganzheitlich und vollständig, d.h. Start- und Endzustände, zeitliche Verläufe und Kausalitäten von Schnittstellenereignissen sowie die Verknüpfung von Funktionen zu komplexeren Verhaltensszenarien.

2   Das atomare Element als Meta-Modell für das Verhalten von Echtzeitsystemen

Als Meta-Modell für das Verhalten von Echtzeitsystemen wird das atomare Element verwendet, das in Abb. 1 in Form eines Petrinetzes dargestellt ist. Unabhängig von synchronen oder asynchronen, diskreten oder kontinuierlichen Prozessen startet jede Funktion von einem definierten Ausgangszustand (S_s) aus. Bei der zugseitigen ETCS Steuerungseinheit existieren zum Beispiel bei der asynchronen Kommunikation zwischen Fahrzeug und Streckeneinrichtungen diskrete Ereignisse sowie kontinuierliche Verläufe, wie die Zugbewegung. Diese Daten dienen der Überwachung der maximal erlaubten Geschwindigkeit während einer Fahrt sowie der Bremskurve bzgl. des Endpunktes einer Fahrerlaubnis, z.B. ein Ein- oder Ausfahrtsignal eines Bahnhofsgleises oder eine Weiche.

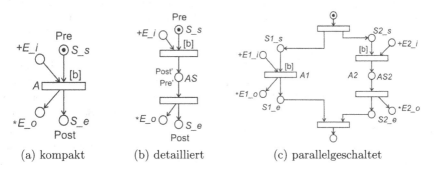

(a) kompakt   (b) detailliert   (c) parallelgeschaltet

Abb. 1. Das atomare Element in Form eines Petrinetzes als Meta-Modell für das Verhalten von Echtzeitsystemen

Die diskretisierten Ereignisse (E_i), wie zum Beispiel eingehende Nachrichten bzw. Triggerwerte bei kontinuierlichen Verläufen, lösen bestimmte Aktivitäten (A und AS) des Systems aus. Die Aktivität kann dann gegebenenfalls Daten an die Umwelt bzw. andere Teilsysteme emittieren (E_o) und endet wiederum in einem definierten Systemfolgezustand (S_e). Abbildung 1 a) zeigt eine kompakte und Abb. 1 b) im Vergleich dazu eine detaillierte Form des atomaren Elements. In Abbildung 1 c) ist die Verknüpfung zweier atomarer Elemente zur Beschreibung zwei nebenläufiger Aktivitäten A1 und A2 dargestellt.

3 Tabellarische Echtzeit-Verhaltensbeschreibung

Das atomare Element wurde bisher als Meta-Modell und Basis für die Beschreibung des Verhaltens von Echtzeitsystemen mit Hilfe der UML [7] sowie der eXtensible Markup Language (XML) zwecks Datenaustausch [11] verwendet. Im Folgenden wird gezeigt, wie das atomare Element als Meta-Modell bei der tabellarischen Verhaltensbeschreibung zur Anwendung kommt und eine formale, konsistente, iterative Erstellung einer Verhaltensreferenz in Form von Testfällen ermöglicht. Die Testfälle bieten aufgrund der Berücksichtigung des Meta-Modells und ihres Detaillierungsgrades neben der automatisierten Testdurchführung und -auswertung auch die Möglichkeit, ein plattform-unabhängiges und implementierungs-neutrales Modell zu erzeugen und zu analysieren [12]. Hauptsächlich soll aber eine genaue, verständliche, nachvollziehbare und konsistente Referenz die funktionale Sicherheit und das Vertrauen in ein System bekräftigen.

3.1 Abstrakte Testfälle und partielles Systemverhalten

Das Soll-Verhalten von ereignisbasierten Systemen wird überwiegend in Form von Testfällen durch Folgen von Schnittstellenereignissen (Stimuli und Reaktionen) beschrieben (siehe Abb. 2 a)). Testfälle spiegeln dabei verschiedene verhaltenstechnische Varianten einer Funktion wider. Systemzustände, die bei Blackbox-Beschreibungen angenommen werden müssen, werden neben den Schnittstellen-Stimuli und -Reaktionen lediglich bei der Instantiierung und Verknüpfung von Testfällen zu konkreten Testabläufen in Form von Vor- und Nachbedingungen berücksichtigt (vgl. Abb. 2 a) und Abb. 3 a)). Die Tranzparenz der Ereignisse und des Systemverhaltens kann jedoch deutlich erhöht bzw. überhaupt erzielt werden, wenn Vor- und Nachbedingungen („Pre-condition" bzw. „Postcondition") als Start- und Endzustand („Starting state" und „End state") der jeweiligen Testfälle einer Funktion entsprechend des atomaren Elements explizit aufgeführt werden (siehe Abb. 2 b)). Die Zustände bilden dann eine Klammer um Funktionen sowie explizite Referenzpunkte für das Systemverhalten in einem Ablauf (vgl. Abb. 3 b)). Damit kann der Zusammenhang zwischen Schnittstellen-Ereignissen und einer bestimmten Funktion sowie den funktionalen Anforderungen direkt verdeutlicht werden. Zuvor war dies nur indirekt über die Testfallzugehörigkeit möglich.

Des Weiteren ist in Abb. 2 b) in der Tabelle „Step" in der dritten Zeile die aktivierte Aktion verdeutlicht, bei der der Systemzustand von „No power" zu „Stand-by" wechselt. Die Sicherungseinheit wird damit aktiviert und startet die Selbsttests. Alle Zeilen der Tabelle „Step" mit einer Zahl in der Spalte „ST_STEP" (siehe Abb. 2 b)) stellen Schnittstellenereignisse dar. Prinzipiell sind alle Ereignisse einer der folgenden Schnittstellen zugeordnet: DMI - driver machine interface, JRU - juridical recording unit, RTM - radio transmission module, BTM - balise transmission module, LTM - loop transmission module, TIU - train interface unit, ODO - odometry.

SC_Internal

SC_ITEM	SC_VALUE	SC_DESCRIPTION	SC_NOTE
M_LEVEL	0/ 1/ 2/ 3/ 4	L0/ LSTM/ L1/ L2/ L3 *)	
M_MODE	-	NP(There is no value for M_MODE in NP mode)	

Start Conditions

SC_STATE	SC_INTERFACE	SC_IO	SC_COMMENT
NOT RELEVANT	RTM	-	
NOT RELEVANT	TIU	-	
NOT RELEVANT	DMI	-	There is no indication of current mode in NP.
NOT RELEVANT	BTM	-	
NOT RELEVANT	LTM	-	
NOT RELEVANT	JRU	-	

Step

FT..	TC..	ST..	ST_STEP	ST_PREV..	ST_PREV..	ST_DESCRIPTION	ST_IO	ST..	ST_NEXT..	ST_NEXT..
541	1	1	1	L0/ LSTM/	NP	The power of the on-board is switched on.The on-board equipment changes to...	-	-	L0/ LSTM/	SB
541	1	2		L0/ LSTM/	SB	The new current mode SB is RECORDED on JRU	O	JRU	L0/ LSTM/	SB
541	1	3	Followed by	L0/ LSTM/	SB	Feature #522 "Indication of Auto-tests results to the driver"ORFeature #558"Sle...			L0/ LSTM/	SB

Test Case

End Conditions

EC_STATE	EC_INTERFACE	EC_IO	EC_COMMENT
NOT AFFECTED	RTM	-	
NOT AFFECTED	TIU	-	
NOT AFFECTED	DMI	-	In normal operation the desk will be closed a...
NOT AFFECTED	BTM	-	
NOT AFFECTED	LTM	-	
New current mode SB is RECORDED	JRU	O	

EC_Internal

EC_ITEM	EC_VALUE	EC_NOTE	EC_DESCRIPTION
M_LEVEL	0/ 1/ 2/ 3/ 4	UNCHANGED	L0/ LSTM/ L1/ L2/ L3 *)
M_MODE	6		SB

(a) Abstrakter Testfall mit Schnittstellen-Ereignissen (Stimuli und Reaktionen)

Step

FT..	TC..	S..	ST_STEP	ST_PREV..	ST_PREV..	ST_DESCRIPTION	S..	ST_I..	ST_NEXT..	ST_NEXT..
541	1	1	Pre-condition	L0/ LSTM/	NP	Starting state	-	-	L0/ LSTM/	NP
541	1	2	1	L0/ LSTM/	NP	The power of the on-board is switched on.The on-board equipment changes to S...	-	-	L0/ LSTM/	NP
541	1	3	Action	L0/ LSTM/	NP	Boot system, start all devices and perform self test	-	-	L0/ LSTM/	SB
541	1	4	2	L0/ LSTM/	SB	The new current mode SB is RECORDED on JRU	O	JRU	L0/ LSTM/	SB
541	1	5	Post-condition	L0/ LSTM/	SB	End state			L0/ LSTM/	SB
541	1	6	Followed by	L0/ LSTM/	SB	Feature #522 "Indication of Auto-tests results to the driver"ORFeature #558"Sleepi...			L0/ LSTM/	SB

(b) Abstrakter Testfall unter Berücksichtigung des atomaren Elements

Abb. 2. Tabellarische Beschreibung des Echtzeitverhaltens bei abstrakten Testfällen (einfache, mikroskopische Anwendung des atomaren Elements)

Die zweite Zeile der Tabelle „Step" in Abb. 2 b) beschreibt das Betätigen des Hauptschalters, um die Sicherungseinheit einzuschalten. Gemäß des atomaren Elements stellt diese Zeile das Triggerereignis E_i dar (vgl. Abb. 1 a) und b)). Da der Hauptschalter, meist ein Schlüsselschalter im Führerpult, jedoch keine standardisierte Schnittstelle ist, ist hier ausnahmsweise keine Schnittstelle aufgeführt. Der auf die Aktion folgende Schritt bzw. Zeile enthält eine Reaktion der Aktion, das Speichern des neuen Modus im Fahrdatenschreiber (JRU). Die Berücksichtigung des atomaren Elements bei Testfällen beziehungsweise der kleinsten Einheit des partiellen Verhaltens eines Echtzeitsystems erscheint trivial, ist jedoch wichtige Voraussetzung für die konsistente Verknüpfung und nachvollziehbare Betrachtung einzelner Funktionen bei komplexeren Funktionsverläufen.

3.2 Verwendung der abstrakten Testfälle in Testsequenzen zur Darstellung von Funktionsfolgen

Für die fahrzeugseitigen ETCS Sicherungseinheiten wurden für die ca. 3500 Systemanforderungen [1] ca. 600 Funktionen, ca. 1700 Testfälle und 93 Testsequenzen als virtuelle Testfahrten [2] von europäischen Bahnexperten abgeleitet. Abb. 3 a) zeigt den Beginn einer solchen virtuellen Fahrt. Zu Beginn wird beschrieben, wie die Sicherungseinheit gestartet und in Betrieb genommen wird. Nach dem Start der Sicherungseinheit werden verschiedene leit- und sicherungstechnische Operationen im Stillstand und während der Fahrt absolviert. Die konkreten Funktionsfolgen ergeben sich durch Instantiierung der abstrakten Testfälle und Verknüpfung mit Testfällen anderer Funktionen. Die Triggerereignisse (Stimuli) rufen dabei bestimmte Reaktionen und ein bestimmtes Verhalten des Systems hervor und werden als Referenz zur Beurteilung des Verhaltens der Sicherungseinheit in Echtzeit verwendet.

In der zweiten, unteren Tabelle „Properties" in Abb. 3 sind alle Parameter und konkreten Werte zu jedem Schritt aufgelistet, wie z.B. Nachrichteninhalte, die Betriebsstufe (Level 0, 1, 2, STM) und -art (no power, stand-by, staff responsible, full supervision, on sight, shunting, reversing, trip, post trip, system failure, ..) oder die zurückgelegte Distanz. Die Werte, der in den abstrakten Testfällen noch nicht festgelegten Variablen, die also keine Schlüsselwerte des Testfalls darstellen, werden bei der Instantiierung der Testfälle in einer Testsequenz mit konkreten Werten belegt. Das Starten des System kann zum Beispiel in allen 5 Betriebsstufen erfolgen, wie in Abb. 2 a) in der Vorbedingung zu sehen ist. Die Testsequenz in Abb. 3 startet jedoch in Level 2.

Entsprechend des Testfalls in Abb. 2 a) beinhaltet die Tabelle „Test Step" in Abb. 3 a) pro Zeile ein Schnittstellenereignis (Stimulus oder Reaktion). Auf Testfallebene (mikroskopisch) lässt sich die Ereignisfolge für eine Funktion noch gut überschauen. Bei der Beschreibung von Funktionsfolgen für eine Testfahrt in einer Testsequenz können mehrere hundert Stimuli und Reaktionen aufeinander folgen. Hierbei lässt sich nur sehr schwer nachvollziehen, wo Funktionen anfangen, enden oder sich überschneiden und ob die aufeinander folgenden Ereignisse noch ein valides Systemverhalten wiedergeben. Der Bezug zu den Testfällen (vgl. Abb. 3 a) Spalte „FT/TC") verdeutlicht kaum noch die zugrunde liegende Funktion und den Kontext der Ereignisse. Die in Abb. 2 a) definierten Vor- und Nachbedingungen sind bei der Verknüpfung der Testfälle verschwunden. Somit gibt es bei Ereignisfolgen keine Transparenz über die Zwischenzustände vor und nach ausgelösten Funktionen.

Gemäß des in Abb. 2 b) unter Berücksichtigung des atomaren Elements beschriebenen Testfalls zeigt Abb. 3 b), wie diese Schritte Start und Ende der Funktion verdeutlichen. Die Spalte „Type" hebt hierbei zusätzlich hervor, ob es

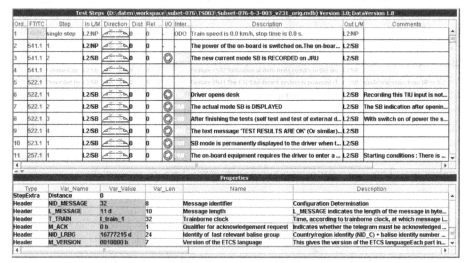

(a) Testablauf nur mit Schnittstellenereignissen (Stimuli und Reaktionen)

(b) Testsequenz unter Berücksichtigung des atomaren Elements

Abb. 3. Tabellarische Beschreibung des Echtzeitverhaltens eines Systempfades (komplexe, makroskopische Anwendung des atomaren Elements)

sich bei der entsprechenden Zeile um einen Systemzustand „S", Ereignis „E" oder eine Aktion „A" des Systems handelt. Vergleicht man die Schritte des Testfalls 541.1 mit denen des Testfalls 522.1, dann ist zu erkennen, dass die Aktion nicht als explizite Zeile aufgeführt ist. Hierbei wurde für Testfall 541.1 die detaillierte Form (vgl. Abb. 1 b)) und bei Testfall 522.1 die kompakte Form des atomaren Elements (vgl. Abb. 1 a)) angewendet. Die Aktionen können in einer Testsequenz unterdrückt werden, da in der Testsequenz eher die makroskopische Transparenz im Vordergrund steht. Makroskopische Transparenz bedeutet hierbei, dass mehrere Funktionen betrachtet werden und nicht nur eine, wie bei Testfällen. Die Konkatenation mehrerer verschiedener aufeinander folgender Funktionen durch ihre entsprechenden Testfälle, ermöglicht darüber hinaus die Betrachtung größerer und kleinerer hierarchisch, verschachtelter und sequentieller sowie paralleler Funktionen. Dies wird im folgenden Abschnitt 3.3 näher beschrieben.

3.3   Horizontale De-/Komposition des Verhaltens

Die Nachvollziehbarkeit des Verhaltens komplexer Echtzeitsysteme erfordert, wie auch in anderen technischen Bereichen, die Möglichkeit umfangreiche Systeme hierarchisch zu zerlegen, zu strukturieren und zu modularisieren. Bei der hier betrachteten Sicherungseinheit ist die Startprozedur „Start of Misson" eine komplexe Funktion, bei der z.B. nach dem Einschalten eine Selbstdiagnose durchgeführt wird, die Betriebsstufe zu bestätigen ist oder eine andere gewählt werden kann. Anschließend müssen die Kennung des Fahrzeugführers sowie die aktuellen Zugdaten eingegeben und bestätigt werden. Dann wird eine Betriebsart entsprechend der bevorstehenden Fahrt aktiviert. Je nach Betriebsstufe erfolgt zusätzlich eine Anmeldung bei der Streckenseite über eine gesicherte GSM-Verbindung.

Ord.	FT/TC	Step	Group Fct	Group SubFct	Type	In L/M	Direction	Dist. Rel.	I/O	Inter.	Description	Out L/M
1		single step	Start of Mission	Power on		L2/NP				ODO	Train speed is 0.0 km/h, stop time is 0.0 s.	2/NP
2	541.1	Pre-condition	Start of Mission	Power on		2/NP					Starting state	2/NP
3	541.1	1	Start of Mission	Power on	E	L2/NP			-		The power of the on-board is switched on.The on-boar...	2/SB
4	541.1	action	Start of Mission	Power on		2/NP					Self system, start all devices, and perform self-test	2/SB
5	541.1	2	Start of Mission	Power on	E	L2/NP			○		The new current mode SB is RECORDED on JRU	2/SB
6	541.1	Post-condition	Start of Mission	Power on		2/SB					End state	2/SB
7	541.1	followed by	Start of Mission	Power on		2/SB						2/SB
8	522.1	preceded by	Start of Mission			2/SB						2/SB
9	522.1	Pre-condition	Start of Mission			2/SB					Starting state	2/SB
10	522.1	1	Start of Mission						○		Driver opens desk	
11	522.1	2	Start of Mission						○		The actual mode SB is DISPLAYED	2/SB
12	522.1	3	Start of Mission		E	L2/SB			○		After finishing the tests (self test and test of external d...	2/SB
13	522.1	4	Start of Mission		E	L2/SB			○		The text message 'TEST RESULTS ARE OK' (Or similar)...	2/SB
14	522.1	Post-condition	Start of Mission			2/SB					End state	2/SB
15	523.1	Pre-condition	Start of Mission			2/SB					Starting state	2/SB
16	523.1	1	Start of Mission		E	L2/SB			○		SB mode is permanently displayed to the driver when t...	2/SB
17	523.1	Post-condition	Start of Mission			2/SB					End state	2/SB
18	257.1	1	Start of Mission		E	L2/SB		0	○		The on-board equipment requires the driver to enter a ...	2/SB
19	257.1	2	Start of Mission		E	L2/SB		0	○		The on-board equipment prevents the driver from perf...	2/SB

Abb. 4. Horizontale De-/Komposition der Funktionalität

Mit Hilfe der Spalten „Group Fct" und „Group SubFct" (siehe Abb. 4) können die einzelnen Testfälle und Funktionen zu größeren Operationen zugeordnet werden. Hierdurch lässt sich eine Sequenz und virtuelle Zugfahrt strukturieren und der funktionale Kontext der einzelnen Testfälle und Ereignisse hervorheben. Unabhängig davon wie groß eine Operation aufgefasst wird, bleiben Start- und Endzustand sowie Triggerereignisse und Reaktionen entsprechend des atomaren Elements auch makroskopisch als wesentliche Eigenschaften des Verhaltens erhalten. Entsprechend der kompakten Form des atomaren Elements wird makroskopisch in den Spalten „Group Fct" und „Group SubFct" die Operation oder Unteroperation als Aktion betrachtet und deutlich, dass die Ereignisse Teil einer Funktion sowie kleineren oder größeren Operation und Aktivität des Systems sind.

3.4 Vertikale Differenzierung verschiedener Aspekte und Eigenschaften

Neben der Möglichkeit die einzelnen Zeilen zu einer Operation und Teiloperation (Spalten „Group Fct" u. „Group SubFct") zuzuordnen und funktionale strukturelle Aspekte für die De-/Komposition zu veranschaulichen, lassen sich gleichzeitig weitere, sehr unterschiedliche funktionale Aspekte und Eigenschaften parallel in verschiedenen weiteren Spalten darstellen. Somit lassen sich die Testfallzugehörigkeit (Spalten „FT/TC" u. „Step"), der Typ einer Zeile (Spalte „Type") bezüglich des atomaren Elements und sogar anwendungsbereichsspezifische Eigenschaften, wie der Zugbewegung (Spalte „Direction") (siehe Abb. 3 b)) auf einen Blick differenziert betrachten. Dementsprechend kann der Kontext von Funktionen und ihrer Bestandteile weiter spezifiziert werden, wie zum Beispiel, ob der Zug sich im Stillstand befindet oder vorwärts bzw. rückwärts fährt. Damit ist leicht ersichtlich, dass die Startprozedur im Stillstand erfolgt und wann der Zug die Fahrt beginnt. Die realitätsgetreue kontinuierliche Zugbewegung verläuft dann parallel zu anderen ereignisbasierten Funktionen. Über bestimmte punktuelle Ereignisse, wie z.B., dass der Zug beschleunigt, eine konstante Geschwindigkeit hält oder abbremst, lassen sich kontinuierliches und diskretes Verhalten synchronisieren.

4 Zusammenfassung und Schlussfolgerungen

Neben statischen Analysen, spielt die dynamische Begutachtung von sicherheitsgerichteten Echtzeitsystemen für einen sicheren und ordnungsgemäßen Betrieb eine wichtige Rolle. Insbesondere bei der Sicht von außen auf ein System und sein Verhalten werden hier oftmals Ereignisse der Schnittstellen zur Systemumgebung herangezogen, um das Verhalten zu beurteilen. Bei der Verknüpfung von Testfällen von einzelnen Funktionen zu Testabläufen mit komplexeren Funktionsfolgen schwindet bei reiner Betrachtung der Schnittstellenergebnisse die Transparenz und Nachvollziehbarkeit der Abläufe (hier virtuelle Zugfahrten) sehr schnell. Unter Anwendung des atomaren Elements als Meta-Modell für das

Echtzeit-Verhalten wird der Bezug der Ereignisse auf Testfälle-Ebene (mikroskopisch) sowie auf Testablauf-Ebene (makroskopisch) zu Funktionen verdeutlicht. Die Testfälle erhalten eine formale, ganzheitliche Struktur, die eine konsistente Komposition und Dekomposition von Funktionen ermöglicht. Darüber hinaus lassen sich Funktionen bzgl. funktionaler, ablauftechnischer sowie anwendungsbereichsspezifischer Aspekte differenziert betrachten. Die Ähnlichkeit zu den Ursache-Wirkungs-Tabellen lässt dazu erahnen, dass die vorgestellte tabellarische Verhaltensbeschreibung eine Überführung bzw. Ableitung von Ursache-Wirkungs-Tabellen zulässt und damit bekannte Vorteile für die Realisierung sicherheitsgerichteter Systeme hinzugewonnen werden können.

Literaturverzeichnis

1. ERA: ERTMS/ETCS Class 1 System Requirement Specification (Subset-026), Version 2.3.0d, 2009 http://www.era.europa.eu/Pages/Home.aspx
2. ERA: ERTMS/ETCS Class 1 Technical Specification for Conformity and Interoperability (Subset-076). Version 2.3.1, 2009 http://www.era.europa.eu/Pages/Home.aspx
3. Ebrecht, L., Meyer zu Hoerste, M. und Lemmer, K.: The Basic Concept for the Formal Test Description - Horizontal Composition and Vertical Differentiation of the Atomic Element. Formal Methods for Automation and Safety in Railway and Automotive Systems (Forms/Format). Braunschweig: GZVB 2007
4. OMG: Unified Modeling Language (UML) http://www.omg.org/technology/documents/modeling_spec_catalog.htm#UML
5. OMG: UML Profiles http://www.omg.org/technology/documents/profile_catalog.htm
6. Ranft, A. und Pflug,C.: Modellbasierte Entwicklung Echtzeit modellieren mit UML 2. Elektronik Praxis, Würzburg 2008 http://www.elektronikpraxis.vogel.de/themen/embeddedsoftwareengineering/analyseentwurf/articles/157201/
7. Ebrecht, L. und Lemmer, K.: Konsistente Verknüpfung von Aktivitäts-, Sequenz- und Zustands-diagrammen - Darstellungsunabhängige und formale Semantik zur Verhaltensbeschreibung von Echtzeitsystemen. Mobilität und Echtzeit - PEARL, Informatik Aktuell. Springer 2007
8. Selic, B., Gullekson, G. und Ward, P.T.: REAL-TIME OBJECT ORIENTED MODELING. New York: John Wiley & Sons Verlag 1994.
9. OMG: UML Specifications http://www.omg.org/technology/documents/modeling_spec_catalog.htm
10. Halang, W.A. und Konakovsky, R.: Sicherheitsgerichtete Echtzeitsysteme. München-Wien: Oldenbourg Verlag 1999
11. Ebrecht, L. und Lemmer, K.: Highlighting the Essentials of the Behaviour of Reactive Systems in Test Descriptions Using the Behavioural Atomic Element. 2nd International Conference on Pervasive Patterns and Applications (Patterns), Lisbon. Xpert Publishing Service (XPS) - ThinkMindTM Digital Library 2010
12. Torens, C., Ebrecht, L. und Lemmer, K.: Inverse Model Based Testing - Generating Behavior Models from Abstract Test Cases. 7th Workshop on Advances in Model Based Testing (A-MOST) - International Conference on Software Testing (ICST). Berlin: IEEE Digital Library 2011

Einsatz von Echtzeitstrategien in der MES-Automatisierung

Michael Roth

Lehrstuhl für Software Engineering: Dependability
Technische Universität Kaiserslautern, 67653 Kaiserslautern
michael.roth@informatik.uni-kl.de

Zusammenfassung. Bei der Umsetzung von produktionsnahen Geschäftsprozessen in Software existieren weder etablierte noch standardisierte Methoden, um deren Modellierung, vor allem aber deren Verifikation zu unterstützen. Dieser Beitrag schlägt einen Arbeitsablauf vor, der
die Entwicklung von Geschäftsprozessen über deren gesamten Lebenszyklus hinweg begleitet. Durch den kombinierten Einsatz formeller und
konventioneller Methoden aus dem Bereich der Echtzeittechnik kann eine
Qualitätsverbesserung im Bereich der produktionsnah eingesetzten eingebetteten Software erreicht werden. Solche Prozesse unterstützen vor
allem die vertikale Systemintegration von der Fertigungsebene hin zur
Unternehmensleitebene und laufen vorwiegend in MES ab. Deren funktionale Anforderungen erinnern stark an die der klassischen eingebetteten Systeme (ES). Der Autor schlägt in diesem Beitrag vor, mittels
Adaption von Methoden und etablierten Verfahren aus dem Bereich der
Echtzeittechnik die in MES ablaufenden Geschäftsprozesse ressourcen-
und kostenschonender zu entwickeln, zu testen und zu warten.

1 Einleitung

Dem Automatisierungsumfeld eines Manufacturing Execution System (MES)
wird heutzutage mehr und mehr Beachtung geschenkt. MES werden als prozess-
nah operierende Systeme eingesetzt und stellen damit das Bindeglied zwischen
der klassischen Echtzeittechnik (Prozessautomatisierung) und der Betriebsleitebene dar. In der vorliegenden Arbeit werden ein Framework und der damit verbundene Workflow vorgestellt, der versucht die beiden Teilbereiche, insbesondere
deren Entwicklungs- und Verifikationsstrategien, zusammenzubringen und somit
Ressourcen und Kosten zu minimieren. Hier werden im Wesentlichen Systeme
aus der MES betrachtet, die als eingebettete Systeme in der Geschäftsprozessmodellierung eingesetzt werden. Eine unter anderem in solchen MES häufig gestellte
Anforderung ist die der funktionalen Korrektheit der implementierten Software.
Durch deren Fehler und die damit verbundenen unzulässigen Systemzustände
werden oftmals hohe Kosten verursacht oder es ist damit sogar eine Gefährdung
von Umwelt und Personen verbunden.

Die hier vorgestellte Arbeit wurde im Rahmen einer Masterarbeit an der
FernUniversität in Hagen angefertigt und hatte zum Ziel, arbeits- und kosten-
sparende Verfahren aus der Echtzeittechnik auf die MES zu übertragen, da es

W.A. Halang (ed.), *Herausforderungen durch Echtzeitbetrieb*, Informatik aktuell,
DOI 10.1007/978-3-642-24658-6_11, © Springer-Verlag Berlin Heidelberg 2012

dort noch an standardisierten Ansätzen und Methoden fehlt. Durch die Aufgabe der hier betrachteten MES, der Modellierung von geschäftlichen Prozessen, schien es am sinnvollsten, eine Abwandlung des in der IEC 61131-3 normierten Ablauf-Funktionsplans für MES anzupassen. Dafür wurde ein Framework für MES-Prozesse zur Verfügung gestellt. An das im Rahmen dieser Arbeit entstandene stepup MES Framework (standardisierte Entwicklungs-, Projektierungs- und Programmierumgebung für MES) wurden folgende Anforderungen formuliert:

– Es soll eine Modellierungssprache ähnlich dem Ablauf-Funktionsplan entworfen werden mit den Eigenschaften, wobei
   • alle Transitionen und Aktionen mit programmierbaren und vordefinierten (Zeitverzögerung, Schnittstellen, ...) Funktionen versehen werden können,
   • keine Aktionstypen (speichernd (S), nicht speichernd (N), ...) vorhanden sind, da nur Funktionen zur Anwendung kommen,
   • Funktionen immer einen Rückgabewert haben, wodurch diese als Resultat der Aktion angesehen werden können, und
   • eine Möglichkeit existiert, komplexe Nebenläufigkeitsbetrachtungen abzubilden.
– Die Modellierungssprache muss intuitiv und leicht verständlich sein.
– Es sollen Verifikationsmethoden aus der sicherheitsgerichteten Echtzeittechnik adaptiert werden.
– Es soll möglich sein, Geschäftsprozesse auf sinnvolle und leicht verständliche Art miteinander zu verbinden und diese auf eine geeignete Weise strukturieren zu können.
– Es sollen automatische Dokumentationsmethoden vorhanden sein, um den Wartungs- und Erweiterungsaufwand zu minimieren.

Dieser Beitrag ist wie folgt aufgebaut. Zuerst wird auf die Problemstellung bei der Modellierung der Geschäftsprozesse eingegangen und anschließend werden ähnliche Arbeiten vorgestellt. Weiter werden die im Rahmen der Arbeit verwendeten Strategien aus der Echtzeittechnik und die entwickelte Modellierungssprache im Speziellen erläutert, bevor eine abschließende Diskussion mögliche Forschungsschwerpunkte in diesem Bereich für die Zukunft aufzeigt.

2   Problemstellung

In der Vergangenheit war deutlich zu sehen, dass die Teilbereiche der klassischen Automatisierung und die der MES von unterschiedlichen Entwurfsverfahren und Umsetzungsstrategien geprägt waren, obwohl ihr späterer Einsatz in eingebetteten Systemen oft sehr artverwandt ist und die Systeme hardware-technisch auch immer weniger zu unterscheiden sind. Die klassische Automatisierungstechnik hat über viele Jahre ihre eigenen Entwurfsprinzipien entwickelt und etabliert. In diesem Zusammenhang sei nur auf die Normen der IEC 61131 verwiesen. Die MES dagegen orientiert sich sehr stark an der Informatik, wo eher der Entwurf der Systeme mit UML [8] und deren Entwicklung mittels Hochsprachen im Vordergrund steht. Vorteil dabei ist zwar ganz offensichtlich der höhere Freiheitsgrad der Software durch objektorientierte Strukturen und Konzepte wie Interrupt-Verarbeitung, Vererbung und Exceptions. Diese Konstrukte haben sicherlich ihre Berechtigung, werden aber im Großteil der meisten MES-Anwendungen gar nicht benötigt, da es dort meist um die Modellierung sequentieller und paralleler Geschäftsprozesse geht. Ein Einsatz von klassischen Automatisierungsgeräten wie SPS wäre zwar durch die programmtechnischen Möglichkeiten von SFC & Co. ein richtiger Schritt, ist aber unter anderem aufgrund der fehlenden grafischen Ein- und Ausgabeschnittstellen nicht möglich. PLS kommen aufgrund der damit verbundenen Kosten ebenfalls nicht in Frage. Im NAMUR-Arbeitsblatt 128 [1] werden erste Empfehlungen für Beschreibungssprachen in MES anhand eines Beispiels gegeben. Diese Arbeit jedoch geht einen Schritt weiter und versucht die Brücke zwischen den beiden Arbeitsgebieten, der Automatisierungstechnik und der Informatik zu schlagen und automatisierungstechnisch etablierte Entwurfs-, Programmier- und Verifikationsverfahren auf die MES zu übertragen.

3   Verwandte Arbeiten

Eine ähnliche Arbeit wurde bereits von van der Aalst [5] veröffentlicht, wo eine Unterklasse von klassischen Petri-Netzen vorgestellt wurde, die speziell auf Prozessmodellierung ausgelegt ist. Dabei handelt es sich um so genannte Workflow-Netze, die zur Modellierung allgemeiner Prozesse herangezogen werden. Allerdings erinnern diese Workflow-Netze eher an klassische Petri-Netze als an Ablauf-Funktionspläne und sind in ihrer Interpretation für Automatisierungstechniker somit deutlich komplexer zu verstehen. Weiter stellt diese Arbeit nur die theoretischen Grundlagen zur Verfügung, jedoch kein Framework für deren Umsetzung. Eine weitere Möglichkeit, Geschäftsprozesse umfassend zu modellieren, ist die der BPMN (Business Process Modeling Notation) [4], die eine große Sammlung an Objekten zum Erstellen von geschäftlichen Abläufen zur Verfügung stellt. Weiter existiert in diesem Umfeld die BPEL (Business Process Execution Language) [6], die als XML-basierte Ausführungssprache für Prozessabläufe angesehen werden kann. Die Vollständigkeit der beiden Beschreibungsmethoden ist von Vorteil, gleichzeitig aber auch ihr Hauptnachteil. Ihre 700-seitige Spezifikation steht der erfolgreichen Verbreitung der BPMN bis heute im Weg. Die nächste Methode, Software zu modellieren, ist durch die in der Informatik anerkannte UML (Unified Modeling Language) [8] gegeben. Diese Modellierungssprache ist vor allem auf die objektorientierte Programmierung zugeschnitten und kommt dort auch in zunehmendem Maße zum Einsatz. Dadurch kann sie eher schlecht auf die Modellierung von Geschäftsprozessen angepasst werden. Ein weiterer Vorstoß zur Findung einer standardisierten MES-Beschreibungssprache unternehmen Riecken et al. [2] oder Baumann [3]. Das Hauptaugenmerk dort liegt im Bereich der Modellierung. Das in [2] entwickelte MES Specification Framework baut hauptsächlich auf BPMN auf und schlägt vor, mittels eines ganzheitlichen Ansatzes, der alle Unternehmensebenen abdeckt, MES zukünftig besser zu modellieren. Der Unterschied zum hier vorgestellten Framework sind die fehlenden

Verifikations- und Validierungswerkzeuge, dafür aber eine detailliertere Modellierungsebene.

4   Entwurfsmodell

Wie bereits oben erwähnt, wird ein Vorgehensmodell eingeführt, das durch das stepup MES Framework unterstützt wird und dessen Ergebnis qualitativ hochwertige und wartungsfreundliche geschäftsprozessorientierte Softwarelösungen sind. Das Modell besteht aus 3 Schritten. Diese sind (1) Modellierung auf Basis der Spezifikation mittels einer geeigneten Modellierungssprache, (2) teilautomatisierte Umsetzung der modellierten Prozesse in Software und (3) die Verifikation und Validierung der Prozesse durch Model-Checking mittels geeigneter Werkzeuge. Dieser Workflow wird durch stepup MES begleitet und ist in Abbildung 1 dargestellt.

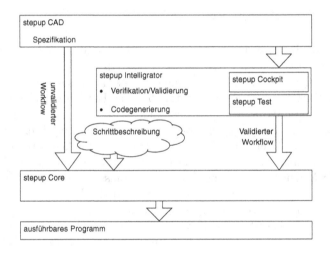

Abb. 1. stepup MES Workflow

5   Prozessmodellierung

Durch die gestellten Anforderungen erschien eine Abwandlung des sequentiellen Ablauf-Funktionsplans als die geeignetste Lösung, da dieser für produktionstechnische Prozessabläufe eine bereits standardisierte Beschreibungsmethodik für Echtzeitsysteme darstellt. Um aber für geschäftliche Prozesse in Frage zu kommen, müssen Beschreibungsmodelle existieren, die komplexe Nebenläufigkeiten beschreiben können. Dazu muss von der linearen Nebenläufigkeitsstruktur von Ablauf-Funktionsplänen abgewichen werden, da diese nicht mächtig genug ist. Das gestellte Ziel konnte am besten dadurch erreicht werden, dass eine Unterklasse klassischer Petri-Netze [10] eingeführt wurde. Die Vorteile des SFC sollten beibehalten, jedoch dessen Nachteile, wie die lineare Nebenläufigkeit, außen vor gelassen werden. In der zugrunde liegenden Arbeit [7] wird vorgeschlagen, das Problem mittels Geschäftsprozessnetzen (GPN) zu lösen, die als 6-Tupel wie folgt definiert sind:

$$GpN = (S,T,F,s_{init},S_{Ende},R)$$

Dabei stellt
- S...   die endliche Menge aller Prozessschritte,
- T...   die endliche Menge aller Bedingungen mit $(T \cap S = \emptyset)$,
- F...   die endliche Menge von Kanten $(F \subseteq (S \times T) \cup (T \times S))$,
- s_{init}...   den Prozessschritt, mit dem der Prozess beginnt,
- S_{Ende}... die Menge der Prozessschritte, die den Geschäftsprozess beenden mit $S_{Ende} \subseteq S$, und
- R...   eine endliche Menge an Prozessressourcen

dar. Das bedeutet, dass ein GPN aus Prozessschritten und Transitionen besteht, die über Kanten (Flussreaktionen) miteinander verbunden sind. Ein GPN hat immer genau einen initialen Prozessschritt und einen oder mehrere Terminierungsschritte. Die Menge aller Ressourcen R im Netz dient ausschließlich zu Spezifikationszwecken. Somit ist das Netz auch horizontal (innerhalb einer Abstraktionsebene) strukturierbar. Durch die genannten Eigenschaften ist ein GPN vollständig beschrieben. Um mit GPN komplexe Nebenläufigkeiten beherrschen zu können, dennoch aber die Semantik leicht verständlich zu halten, wird vorgeschlagen, die Aktivierungssemantik klassischer Petri-Netze abzuschwächen. Dabei ist der Vorbereich einer Transition wie folgt definiert:

$$\bullet t =_{Def} \{s \mid (s,t) \in F\}$$

Im GPN ist die Transition t immer genau dann aktiviert und schaltbereit, wenn alle Prozessschritte des Vorbereiches aktiv sind. Formal wird dieser Zusammenhang folgendermaßen beschrieben:

$$t \quad ist \quad aktiviert \Leftrightarrow m(s) = 1; \forall s \in \bullet t$$

Darin definiert die Funktion $m(s)$ den Zustand des Prozessschritts s. Ist der Funktionswert gleich eins, so gilt der Schritt als aktiv, bei null als inaktiv. Allgemein gesprochen kann der vorher beschriebene Zusammenhang so erläutert werden, dass die Transition t immer dann schaltbereit ist, sobald alle mit den zufließenden Kanten verbundenen Schritte aktiviert sind. Schaltet eine Transition durch, da ihre Übergangsbedingung erfüllt ist, kann dies durch nachfolgende Funktion beschrieben werden:

$$m'(s) = \begin{cases} 0, & \text{wenn} s \in \bullet t \wedge s \notin t\bullet \\ 1, & \text{wenn} s \in t \wedge s \notin \bullet t \\ 1, & \text{wenn} s \in \bullet t \wedge s \in t\bullet \\ m(s), & \text{wenn} s \notin \bullet t \wedge s \notin t\bullet \end{cases}$$

Die beschriebene Aktivierungssemantik kann auch durch die Semantik eines klassischen Bedingungs-/Ereignisnetzes ausgedrückt werden. Dieser Zusammenhang ist in Abbildung 2 dargestellt.

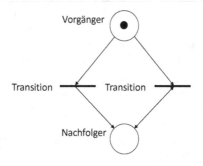

Abb. 2. stepup MES Schaltsemantik

Dadurch wird die gestellte Anforderung der leichten Verständlichkeit erfüllt, da jeder Systemzustand explizit durch einen Schritt definiert werden muss. Das Netz wird somit für Anwender transparenter, denn verdeckte Informationsflüsse werden vermieden [11].

Weiter wurden zusätzliche Modellierungsmethoden wie das Zuordnen von Prozessschritten zu Ressourcen eingeführt, was formal durch die Funktion

$$f_r : S \to R \quad mit \quad f_r(s) = r \quad für \quad r \in R, s \in S$$

beschrieben werden kann. Ressourcen besitzen somit Schnittstellen zu anderen Ressourcen, die durch Transitionen zwischen diesen dargestellt werden. Dies können eingehende ($\cap r$) oder ausgehende ($r\cap$) Schnittstellen sein.

$$\cap r =_{Def} \{t \mid f_r(\bullet t) \neq r \wedge f_r(t\bullet = r\}$$

$$r\cap =_{Def} \{t \mid f_r(\bullet t) = r \wedge f_r(t\bullet \neq r\}$$

Eine weitere Anforderung, um die Netze übersichtlich zu halten und deren Größe nicht zu stark anwachsen zu lassen, ist eine vertikale (hierarchische) Strukturierungsmöglichkeit. Dies bedeutet, dass in einem GPN Prozessschritte existieren können, deren Aktivierung ein unterlagertes GPN startet. Somit werden verschiedene Abstraktionsebenen eingeführt, um die Modellierung effizient durchführen zu können. Im Rahmen dieser Arbeit wurde das Werkzeug stepup CAD erstellt, das eine Modellierung von GPN und deren Syntax-Prüfung in MS PowerPoint erlaubt.

6 Prozesskompilierung

Durch stepup Intelligrator, ein in stepup MES integriertes Werkzeug, können GPN teilautomatisiert in Software übersetzt und in stepup Core ausgeführt werden. Dabei wird ein objektorientiertes Modell des Prozesses mit Schritten und Transitionen und deren Abhängigkeiten untereinander erzeugt, das vollständig in die Entwicklungsumgebung von Visual Studio [15] integriert ist. Somit steht es dem Entwickler frei, auch herkömmliche Softwareentwicklungsmethoden in die Geschäftsprozessmodellierung einzubinden. Weiter kann er sich zwischen verschiedenen untereinander kompatiblen Sprachen (C#, Visual Basic, F#) entscheiden. Hier sei nur so viel erwähnt, dass eine Klasse zu jedem modellierten GPN erzeugt wird, die leere Coderümpfe für jeden spezifizierten Prozessschritt und leere Eigenschaftsrümpfe für jede Transition des GPN bereitstellt. Durch die intelligente Prozessintegration in eine hochsprachenorientierte Entwicklungsumgebung wird der Entwickler in keiner Weise in den Möglichkeiten gegenüber herkömmlichen Entwicklungsmethoden eingeschränkt. Zusätzlich zur statischen kann auch eine dynamische Prozesskompilierung durchgeführt werden. Die dynamische Kompilierung findet dann zur Laufzeit statt und muss folgenden Bedingungen genügen:

- Der momentan aktive Schritt muss auch im neu zu kompilierenden Prozess vorhanden sein.
- Die Prozessausführung darf durch die Menge der momentan aktiven Schritte S_a nicht zu einem Deadlock führen.

Das bedeutet, dass der neu eingebundene Prozess GPN_{neu} mit den aktiven Schritten lebendig sein muss. Die dynamische Prozesskompilierung ergibt also nur in einem gewissen Umfang Sinn, da die Aktionen der Schritte (Schrittfunktionen) nicht dynamisch erzeugt bzw. eingebunden werden können. Es muss also sichergestellt werden, dass der neu eingebundene Prozess seine Anforderungen weiterhin erfüllt. Dies kann nur teilweise durch die Verifikationsmechanismen (siehe nächstes Kapitel) erreicht werden, da nicht ohne Weiteres sichergestellt werden kann, ob die neue Schritt-Aktion-Beziehung zu der alten Schritt-Aktion-Beziehung konform ist.

7 Prozessverifikation

Eine Hauptaufgabe von stepup MES ist die Verifizierung der spezifizierten GPN auf verschiedene Arten. Dazu werden Strategien der sicherheitsgerichteten Echtzeittechnik verwendet, wie die diversitäre Rückwärtsanalyse. Diese Methodik wurde vom TÜV Rheinland erstmals vorgestellt [14] und hat ihren Reiz vor allem in der leichten Verständlichkeit der Umsetzung. Durch Auslesen des Maschinencodes aus Zielsystemen und dessen Rekompilierung durch an der Entwicklung unbeteiligter Personen wird versucht, eine Spezifikation zum beobachteten System zu erstellen. Stimmen dann die ursprüngliche und die aus den Maschinenbefehlen gewonnene Spezifikation überein, so ist der Beweis eines korrekt implementierten Systems erbracht. Stepup MES verfolgt ein ähnliches Ziel. Dabei werden die spezifizierten und in Software transformierten Prozesse zurück in grafische Pläne übersetzt. Auch hier ist der Beweis der korrekten Implementierung erbracht, wenn die Ablaufpläne übereinstimmen. Die Diversität wird in setpupMES nicht durch eine gesonderte Person oder Gruppe erbracht, sondern durch ein Softwaretool, das diversitär entwickelt wurde. Es handelt sich dabei um das von den Bell-Labs und AT&T gemeinsam entwickelte Werkzeug GraphViz [9]. Der komplette Prozess der diversitären Rückwärtsanalyse ist in Abbildung 3 dargestellt.

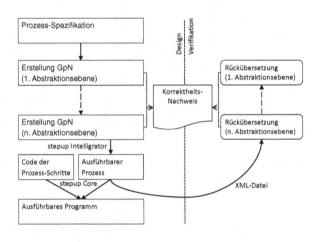

Abb. 3. Diversitäre Rückwärtsanalyse von stepup MES

Zusätzlich werden im vorgestellten Framework auch formale Analysemethoden klassischer Petri-Netze wie die Erreichbarkeitsanalyse unterstützt. Dadurch können Verklemmungen in einem Prozessablauf aufgedeckt werden. Die vorgestellten Verifikationsstrategien kommen hier ausschließlich zum Einsatz, um die funktionalen Anforderungen der Spezifikation zu prüfen. Geschäftsprozesse können dadurch sehr wirtschaftlich, d.h. effizient und kostengünstig verifiziert werden. Durch den geringen Prüfaufwand und den Umstand, dass die Verifikation leicht verständlich ist und werkzeuggestützt durchgeführt werden kann, muss sie nicht zwingend von Experten vorgenommen werden.

Um zusätzlich die nicht funktionalen Anforderungen validieren zu können, ist eine Testumgebung in stepup Intelligrator eingebettet, die es erlaubt, den Workflow zu testen. Dies kann mittels automatisch generierter Testpläne geschehen, was den Integrations- und Systemtest erleichtert. Außerdem ist so garantiert, dass die gewünschte Testabdeckung eingehalten wird. Stepup Test und stepup Cockpit stellen die dazu benötigten Dienste bereit. Vorteil dabei ist, dass die Simulation direkt auf der Zielmaschine ausgeführt werden kann und eine Validierung des Prozesses erleichtert wird. Weiter kann die Testabdeckung im Testmodul skaliert werden, wodurch z. B. Testpläne für Schritttests oder Pfadtests erzeugt werden. Solche automatisch erzeugten Testpläne sind aufgrund ihrer Allgemeingültigkeit sehr abstrakt gehalten. Das stellt aber durch die Ausgabe in MS Excel kein Problem dar, da sie dort beliebig verfeinert werden können.

Es ist zu erkennen, dass die praktische Umsetzung der Arbeitsergebnisse mit Microsoft-Produkten stattgefunden hat. Das beruht darauf, dass der Verfasser der Ansicht ist, dass MS als Standard in der Büro-EDV angesehen werden kann und somit das Framework intuitiv zu bedienen ist. Weiter vertritt der Verfasser die Meinung, dass auch in der Informatik ein Wandel zu erkennen ist. Dieser forderte letztendlich die Monopolstellung von Java ein. Microsofts Entwicklungsumgebung Visual Studio (VS) und deren objektorientierte Sprachen C# und Visual Basic (VB) stehen mittlerweile auf Augenhöhe zu Java. Als Tendenz ist zu erkennen, dass Java sogar leicht in den Schatten von Microsofts hauseigener Sprache VB tritt [17]. Das komplette Framework wurde mit der Programmiersprache VB 10 entwickelt, da der dem Pseudocode ähnliche Quellcode nach Ansicht des Autors sehr gut geeignet ist, um solche kritischen Anwendungen effizient zu erstellen [16].

8 Zusammenfassung und Ausblick

Als Ergebnis dieser Arbeit wird ein den Lebenszyklus begleitendes Framework für Geschäftsprozesse in MES vorgestellt. Dieses enthält ein Modellierungswerkzeug für Geschäftsprozessnetze, eine neu spezifizierte Unterklasse allgemeiner Petri-Netze. Weiter stellt das Framework Dienste für Verifikation, Tests, Validierung und Ausführung bereit. Dadurch lässt sich der Entwicklungs- und Betreuungsaufwand der Lösungen im Bereich der Software-Spezifikation und Anwendungsverifikation um bis zu 70 % gegenüber Lösungen, die mit herkömmlichen Entwurfsstrategien erstellt wurden, reduzieren.

Um die Fehlerquellen in MES-Anwendungen weiter zu minimieren, wäre eine Erweiterung von stepup MES denkbar, die zusätzliche Schritttypen enthält. Darunter können Aufgaben wie z. B. die Ankopplung des Prozesses an ERP-Systeme oder an die Prozessleitebene mittels OPC zu verstehen sein. Allerdings muss die Anforderung der Übersichtlichkeit und Einfachheit der spezifizierten Pläne halber gewahrt bleiben. Aus diesem Grund ist eine Entscheidung hin zu zusätzlichen Schritten gründlich zu überlegen. Weiter wäre eine automatische Dokumentations- und Versionsverwaltung vorstellbar, die in die stepup-

Plattform integriert ist. Dies könnte den Arbeitsaufwand in späteren Abschnitten des Prozess-Lebenszyklus weiter minimieren.

Literaturverzeichnis

1. NAMUR: Worksheet 128 (NA 128) MES Specification and Design based on the Fictitious Example of a Beverage Production Process, 2009
2. Ricken, M.; Vogel-Heuser, B.: Modeling of Manufacturing Execution Systems: an Interdisciplinary Challenge. In: Proc. of ETFA 2010 - 15th IEEE International Conference on Emerging Technologies and Factory Automation, Bilbao, 2010
3. Baumann, J.: Analyse angewandter Beschreibungsmittel zur Spezifikation von MES-Funktionen. Bachelor-Thesis, Universität Kassel, 2009
4. Object Management Group: Business Process Model and Notation. http://www.omg.org , OMG, 2010.
5. Van der Aalst, W.: The Application of Petri Nets to Workflow Management. Eindhoven University of Technology, 1998
6. van Lessen, T.; Lübke, D.; Nitzsche, J.: Geschäftsprozesse automatisieren mit BPEL. In: dpunkt.verlag, 2011
7. Roth, M.: Einsatz von Echtzeitstrategien in der MES-Automatisierung zur direkten programmtechnischen Umsetzung von Geschäftsprozessen. Master-Thesis, FernUniversität Hagen, 2011
8. Kecher, C.: UML 2: Das umfassende Handbuch. In: Galileo Computing, 2009
9. http://www.graphviz.org
10. Baumgarten, B.: Petri-Netze - Grundlagen und Anwendungen. In: Spektrum-Akademischer Verlag, 1996
11. Frey, G.; Litz, L.: Transparenter Steuerungsentwurf mit SFC nach DIN IEC 1131-3. In: Proc. of SPS/IPC/Drives 1997, Nürnberg, 1997
12. Baumgarten, B.: Petri-Netze: Grundlagen und Anwendungen. In: Spektrum Akademischer Verlag, 1996
13. Dijkstra, E. W.; Dahl, O. J.: Structured Programming. In: Academic Press London, 1972
14. Krebs, H.; Haspel, U.: Ein Verfahren zur Software Verifikation. In: rtp, Regelungstechnische Praxis ,1984
15. Doberenz, W.; Gewinnus, T.: Visual Basic 2010 - Grundlagen und Profiwissen. In: Carl Hanser Verlag GmbH & Co, 2010
16. Westphal, R.: Und VB.NET hat doch einen Sinn. 2001 http://msdn.microsoft.com/de-de/library/bb979458.aspx#IDOELB
17. Bell, D.: Visual Basic.Net as a First Language: An Evaluation. In: Newsletter ACM SIGCSE Bulletin, New York, 2002

Analyse des Zusammenhangs zwischen Energiebedarf, Dienstgüte und Performanz bei der Ressourcensubstitution in Softwaresystemen

Christian Bunse[1] und Hagen Höpfner[2]

[1] Software Systeme
Fachhochschule Stralsund, 18439 Stralsund
Christian.Bunse@fh-stralsund.de
[2] Juniorprofessur Mobile Medien
Bauhaus-Universität Weimar, 99423 Weimar
hoepfner@acm.org

Zusammenfassung. Der Energiebedarf von Hard- und Software-Systemen unterliegt einem stetigen Wachstum. Vorarbeiten haben gezeigt, dass der Einsatz von Ressourcensubstitutionsstrategien diesem Trend entgegenwirken kann. Diese Optimierungsverfahren müssen aber neben dem Energiebedarf weitere Schlüsselfaktoren berücksichtigen. Im Rahmen einer Fallstudie wurde der Zusammenhang zwischen Energiebedarf, Dienstgüte und Performanz untersucht. Die Ergebnisse bestätigen die Vermutung, dass aufgrund der engen Verflechtung dieser drei Aspekte keine isolierte Betrachtung bzw. Optimierung möglich ist. Insbesondere ist bei gleicher Dienstgüte und Performanz des Gesamtsystems keine signifikante Reduktion des Energiebedarfs zu beobachten; es kommt zu einer Verlagerung des Energiebedarfs zwischen den Teilkomponenten des Systems.

1   Einleitung und Motivation

Viele Bereiche des täglichen Lebens sind zunehmend, bewusst oder unbewusst, durch den Einsatz von Computern geprägt. Verbreiterte Dienstleistungsangebote, Zeitersparnis, etc. sind positive Begleiterscheinungen der weiten Verbreitung von Informations- und Kommunikationstechnologie (IKT). Ein Nachteil dieser Entwicklung ist der damit einhergehende Anstieg des Energiebedarfs. Prognosen gehen von einem Wachstum des Anteils von Datenzentren am globalen CO_2-Ausstoß von 14% (2009) auf mehr als 18% (2020) aus [1]. Diesem Problem muss durch ingenieurwissenschaftliche Verfahren zur energieeffizienten Auslegung von Systemen begegnet werden [2]. Moderne IKT-Systeme bestehen aus Hard- und Software, wobei letztere bei ihrer Ausführung die Hardware „benutzt". Software-Entwickler entscheiden im Rahmen der Entwicklung über die tatsächliche Hardware-Nutzung und damit auch den Energiebedarf eines Systems. Eine Möglichkeit zur Optimierung ist bspw. die komprimierte Datenübertragung. Diese erfordert die zusätzliche Integration von Kompressionsalgorithmen, sorgt aber

W.A. Halang (ed.), *Herausforderungen durch Echtzeitbetrieb*, Informatik aktuell,
DOI 10.1007/978-3-642-24658-6_12, © Springer-Verlag Berlin Heidelberg 2012

auch für die Einsparung von Bandbreite und evtl. Energie. Zusätzlich kann eine Kompression die Performanz des Systems negativ beeinflussen [3]. Die Wahl zwischen mehreren Realisierungsalternativen (komprimierte oder unkomprimierte Datenübertragung) wird Ressourcensubstitution genannt.

Da die Entscheidung für bzw. gegen eine Alternative dazu führen kann, dass ein System nicht bzw. nur schwer auf veränderte Rahmenbedingungen reagieren kann, sollte Ressourcensubstitution zur Laufzeit erfolgen. Abhängig von Benutzeranforderungen, Datengrößen, etc. wird dynamisch „entschieden" ob, wie und welche Ressourcen substituiert werden (können). Wichtig ist dabei, dass die vereinbarte Dienstgüte des Systems nicht oder allenfalls minimal beeinträchtigt wird. Optimierung bewegt sich in einem sogenannten Qualitätsdreieck gebildet durch Energiebedarf, Qualität (z.b. Performanz, Zeittreue) und Kosten. Herausforderung ist die Definition einer Optimierungsstrategie, die dieser Tatsache Rechnung trägt.

Im Rahmen dieses Papiers wurde die Auswirkung verschiedener Substitutionsstrategien untersucht. Neben dem zusätzlichen Energiebedarf für die Substitution (Overhead) ist hier insbesondere die Performanz von großer Bedeutung. Die Ausführungszeit eines Systems darf nicht wesentlich beeinträchtigt werden, d.h. die Substitution muss in einer garantierten Zeitspanne stattfinden. Somit ist Ressourcensubstitution ein Zeitproblem, bei dem das Einhalten von Zeiten statistisch definiert ist und Vorgaben mit hoher Wahrscheinlichkeit eingehalten werden müssen. Die Ergebnisse der durchgeführten Fallstudie zeigen, dass Energiebedarf, Dienstgüte und Performanz nicht isoliert betrachtet oder optimiert werden können. Die Ergebnisse weisen darauf hin, dass Ressourcensubstitution energetisch betrachtet bei gleicher Performanz eine eher lokale Wirkung hat. Der Energiebedarf wird hierbei global gesehen nicht verringert sondern verlagert.

2   Verwandte Arbeiten

Während Energiebewusstsein in Bezug auf Hardware mit Schlafmodi oder Drosselung der CPU-Leistung etabliert ist, befindet sich die Forschung zu energiebewussten Software-Systemen noch im Anfangsstadium. Erste Arbeiten zeigen, dass der Energiebedarf sowohl beim Entwurf, bei der Implementierung als auch beim Einsatz von Software berücksichtigt werden muss [5]. Die Autoren von [6] fanden heraus, dass unterschiedliche Implementierungsalternativen von Algorithmen auch in ihrem Energieverbrauch variieren. Interessanterweise sind demnach Energieverbrauch und Performanz nicht korreliert. Der Grund hierfür ist, dass mittels Software realisierte Algorithmen die zur Verfügung stehende Hardware nutzen und alternative Implementierungen dies auf unterschiedliche Weise tun. Rekursive Algorithmen (z.B. Mergesort) sind deutlich speicherintensiver als nicht rekursive Alternativen (z.B. Insertionsort). Beide Varianten lösen dasselbe Problem (Sortieren einer Liste von Werten). Folglich kann die Nutzung der Ressource Speicher substituiert werden. Speicherzugriffe benötigen deutlich mehr Energie als CPU-Berechnungen [7], d.h. mithilfe von Ressourcensubstitution kann Energie eingespart werden [8]. Die Autoren von [3] fanden heraus, dass im Vergleich zum einfachen Übertragen von Daten über ein Netzwerk (Ressource Netzwerkkarte) eine vorherige Kompression um einen Faktor größer als 10% und anschließende Dekompression der Daten den Energiebedarf reduziert. Laut den Autoren von [9] gilt Ähnliches beim Speichern von Daten auf Festplatten.

Die Hersteller mobiler Systeme sind sich des Problems wachsender Energiebedarfe bei nahezu stagnierender Batteriekapazität bewusst. Neben dem Einsatz von energieeffizienter Hardware wird verstärkt auch Software und deren Konstruktion betrachtet. Entwicklungsrichtlinien schlagen dazu neben dem sparsamen Einsatz von Ressourcen [10] auch den verzicht auf objektorientierte Prinzipien, etc. vor [11, 12]. Grundlegend ist dabei aber die in [6] widerlegte Annahme, dass Performanz und Energiebedarf direkt korrelieren. Die vorgeschlagenen Maßnahmen sind folglich nur bedingt wirksam.

3 Ressourcensubstitution

Die Idee der Ressourcensubstitution basiert auf der Annahme, dass es zur Lösung eines Problems verschiedene Vorgehensweisen gibt, wobei die Alternativen unterschiedliche Ressourcen bzw. unterschiedliche Mengen von Ressourcen benötigen. Übertragen auf den Kontext dieses Papieres bedeutet dies, dass IKT-Systeme auf unterschiedliche Art und Weise mit unterschiedlichen Komponenten realisiert werden können, wobei die (Software-)Komponenten wiederum in ihrem Hardware-Einsatz variieren.

Die Grundlage der Ressourcensubstitution bildet ein Kostenmodell, das die Kosten (hier Energiebedarf) einer Aktivität in Abhängigkeit von Faktoren wie Dienstgüte, Performanz, etc. beschreibt. Es ermöglicht die Auswahl der kostengünstigsten Variante bzw. Ressource. Die Abschätzung der Kosten erfolgt dabei in zwei Phasen:

Phase 1 ist die „rasche" Approximation des Energiebedarfs der verwendeten Algorithmen und Komponenten anhand der von uns entwickelten Energiekomplexitätsklassen [7]. Die hierfür benötigte Zeit ist nicht konstant, kann aber, durch die Ergebnisse verschiedener Fallstudien unterstützt, vermutlich funktional bestimmt werden.

Phase 2 umfasst in einem separaten d.h. parallelen Prozess eine detaillierte Abschätzung unter Berücksichtigung aller relevanten Faktoren (Datengrößen, Benutzerwünsche, etc.). Der Zeitbedarf ist dabei limitiert und seine Überschreitung führt zum ergebnislosen Abbruch durch das System selbst.

Zur Realisierung der Ressourcensubstitution wurde eine Software-Komponente (die sogenannte Energy-Management-Komponente; kurz EMC) eingesetzt, die die Kommunikation eines Systems überwacht und anhand eines Kostenmodells die Nutzung von Ressourcen steuert. Ihr Einsatz bei akkubetriebenen Geräten in Domänen wie Viehzucht oder Transport hat zu einer Verfünffachung von Laufzeiten geführt. Ziel dieser ersten Anwendungen war eine „maximale" Energieeinsparung, wobei Dienstgüte oder Performanz unberücksichtigt blieben. In der Praxis sind aber ein geringer Energiemehraufwandes *und* einer Optimierung in „garantierter" Zeit wichtig.

4 Fallstudie

Zur Untersuchung des Verhältnisses zwischen Energiebedarf, Performanz, Zeit und Service-Qualität wurde eine Fallstudie basierend auf einem Mikrocontroller-basierten System als Klient und einem Smartphone als Steuereinheit konzipiert. Empirische Untersuchungen bedürfen einer gewissen Größe um verlässliche Aussagen zu ermöglichen. Die Durchführung solcher Studien im Hochschulkontext ist schwierig. Daher wurde eine prototypische Studie realisiert, die „einfach" zu replizieren ist. Abbildung 1 zeigt den prinzipiellen Aufbau der Untersuchungsplattform.

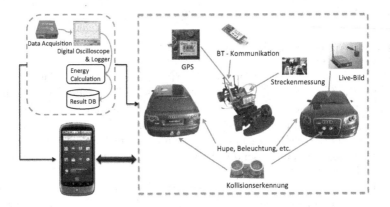

Abb. 1. Experimenteller Aufbau

4.1 Referenzsystem und Aufbau

Das System beruht auf der in Abbildung 2 dargestellten Struktur autonomer Systeme. Die Art und der Aufbau der Systemkomponenten wurde dabei auf die Einsatzumgebung sowie die Anwendung und deren Komplexität abgestimmt. Das eingesetzte System besteht aus zwei Einheiten; einer kontrollierten und einer kontrollierenden Einheit.

Die *kontrollierte Einheit* wird durch ein Mikrocontroller-gesteuertes System realisiert, das Dienste zur Kontrolle von Sensoren (GPS, Ultraschall, Beschleunigung, Strecke, Kamera, etc.) und Aktuatoren (Lenkung, Geschwindigkeit, Licht, Ton, etc.) über eine definierte Schnittstelle (Bluetooth) zur Verfügung stellt. Wegen des geringen Leistungsgewichts und des Vierradantriebs erreicht das System Geschwindigkeiten von bis zu $35\frac{Km}{h}$. Im Umkehrschluss werden also ca. $9{,}7\frac{m}{s}$ bzw. $1\frac{cm}{ms}$ zurückgelegt. Zur Vermeidung von Unfällen müssen geringe Reaktionszeiten überwacht und durchgesetzt werden. Die angebotenen Dienste enthalten wegen der beschränkten Ressourcen (Prozessorleistung, Speicher) keine Kontrolllogik. Die Plattform verfügt über eine Reihe von Schnittstellen zur Messung des Energiebedarfs von Prozessor, Speicher, etc.

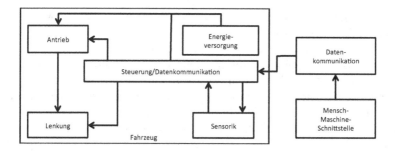

Abb. 2. Logische Struktur [13]

Die *Kontrolleinheit* bildet ein Android-basiertes Smartphone mit einer speziell entwickelten App (s. Abb. 3). Diese erlaubt sowohl die manuelle Kontrolle (Fernsteuerung) des Systems als auch das Bearbeiten von Fahraufträgen. Neben dem Start- und Zielpunkt enthalten Aufträge auch Vorgaben bezüglich der zur Abarbeitung zur Verfügung stehenden Zeit. Aufträge werden manuell als XML-Datei auf das Gerät übertragen. Aufgrund der geringen Reichweite von Bluetooth wurde das Fahrzeug von einem Operateur (Student) begleitet, der die Kontrolleinheit stets in Reichweite hielt.

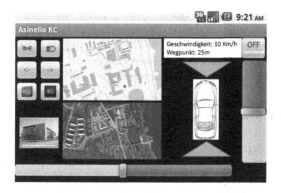

Abb. 3. Smartphone Applikation (Manuelle Sicht - Emulator)

Der Energiebedarf der App wurde mittels der in Android integrierten Metriken und über eine externe Messschnittstelle überwacht. Android-Apps werden in Java entwickelt und zur Laufzeit interpretiert. Dies erschwert das exakte Erfassen des Energiebedarfs von Software-Elementen [14]. Eine zentrale Messung, z.B. an der Stromversorgung, ist aufgrund der Vielzahl von Einflussfaktoren und Verbraucher unzuverlässig. Daher wurde das System adaptiert. Der Android-Linux-Kernel wurde um Möglichkeiten u.a. zur Triggerung von Events erweitert, und es wurden physische Messpunkte für Prozessor und CPU installiert. Messungen wurden mittels eines Oszilloskops zur Datenerfassung durchgeführt. Zusätzlich wurden zur Energiebedarfsmessung der Bildschirm des Gerätes sowie nicht benötigte Dienste deaktiviert.

Für die Energieoptimierung wurde die Applikation mit einer Variante der EMC versehen. Diese prüft Kommunikationsbedarfe auf ihren Energiebedarf und substituiert Ressourcen dynamisch. Dies bewirkt die Verlagerung von Ausführungslogik zur Kollisionserkennung, -vermeidung, etc. von der Kontrolleinheit in das Fahrzeug. So kann z.B. die Hinderniserkennung vom Smartphone in das Fahrzeug verlagert werden. Abstrakt betrachtet werden so die Ressourcen Kommunikation, Rechenleistung und Speicher substituiert. Wegen der knappen Ressourcen des Fahrzeugs ist dies aber nur eingeschränkt möglich.

Im Rahmen der Fallstudie wurden die Energiebedarfe der Kontrolleinheit und des Fahrzeugs gemessen. Wird Logik zum Zwecke der Energieeinsparung von der Kontrolleinheit in das Fahrzeug verlegt (z.B. die Kollisionserkennung) so ist im Rahmen der Gesamtbilanz die erzielte Einsparung mit dem zusätzlichen Bedarf für die Substitution sowie die ggfs. notwendige Ausführung im Fahrzeug zu erfassen.

4.2 Studienentwurf

Die Fallstudie untersuchte die Auswirkung von drei Optimierungsstrategien auf Performanz- und Zeittreue, Energie und Kosten. (1) Die Standardstrategie (Full Power) achtet auf die strikte Einhaltung von Zeit- und Performanzvorgaben unter Vernachlässigung des Energiebedarfs. (2) Die energiefokussierte Strategie (Energy Saver) zielt auf maximale Energieeinsparung unter Vernachlässigung von Zeit- und Performanzvorgaben. (3) Die ausgewogene Strategie (Green Job) erweitert Energie, Zeit und Performanzvorgaben um ca. 30%. Allen Untersuchungen liegen dabei die folgenden Fakten zugrunde:

- Sender und Empfänger von Daten sind vorab definiert.
- Temperaturen wurden nicht aktiv kontrolliert. Eine Verfälschung der Messwerte aufgrund von Temperaturschwankungen kann daher nicht ausgeschlossen werden. Möglich Effekte werden aber durch Replikation minimiert.
- Die Durchführung der Studie umfasste die wiederholte Abarbeitung einer zuvor definierten Sequenz von Aufträgen. Ein Auftrag umfasst die Route zwischen zwei Geo-Koordinaten. Der Abstand zwischen zwei Wegpunkten beträgt stets 3m. Dabei ist eine Reihe statischer und dynamischer Hindernisse zu umfahren. Hindernisse sind „vordefiniert", um die Vergleichbarkeit der einzelnen Studiendurchläufe zu garantieren.
- Die Auflösung des verwendeten GPS-Sensors wird vom Hersteller mit 2,5 bis 5m angegeben, wobei sich in der Praxis im Durchschnitt eine Genauigkeit von etwa 3m ergab. Diese war für die Durchführung der Untersuchung ausreichend.

4.3 Durchführung

Die Studie umfasst drei Durchläufe, die sich in der verwendeten Optimierungsstrategie unterscheiden. Der erste Durchlauf (Full Power) diente der Kalibrierung und der Erfassung von Basiswerten. Dabei spielte Energieeinsparung keine Rolle. Der zweite Durchlauf (Energy Saver) zielte auf die maximal mögliche Energieeinsparung ohne Rücksicht auf Verletzung von Performanz- und Zeitvorgaben. Dies führte zu Materialverlusten, weshalb der Lauf auf 10 Wiederholungen beschränkt wurde[1]. Der dritte Lauf (GreenJob) diente der Koordination von Zeit, Performanz und Energieeinsparung. Dabei wurde die Reaktionszeiten so erweitert, dass Unfälle zu ca. 95% vermieden werden konnten. Im Rahmen der aktuellen Studie haben wir uns entschlossen einen „Overhead" von 30% bzw. 50ms zu erlauben. Im Umkehrschluss heißt dies, dass erst nach einer Strecke von 50cm bei Höchstgeschwindigkeit auf Hindernisse reagiert wird.

Zur Variation und Bestätigung der erzielten Ergebnisse wurden alle Durchläufe mit geänderten Grenzwerten wiederholt. Dazu wurden Reaktionszeiten verkürzt, Performanzvorgaben erhöht und niedrigere Energiebedarfe spezifiziert. Andere Änderungen fanden nicht statt. Hintergrund war die Untersuchung der Frage wo die Grenzen der Ressourcensubstitution liegen. Die Ergebnisse zeigen, dass Ressourcensubstitution nicht (hart-)echtzeitfähig ist.

5 Ergebnisse

Die Datenerfassung fand in allen Läufen kontinuierlich statt. Die erzielten Messwerte wurden anschließend über die Anzahl der Wiederholungen normalisiert. Bei der Datenanalyse wurden die Verstöße gegen die Vorgaben (Performanz, Zeit, etc.) berechnet. Eine Verletzung bedeutet, dass der Messwert ausserhalb eines zuvor spezifizierten Bereiches liegt. Beispielsweise durften bei der energieoptimierten Strategie Aufträge einer bestimmten Klasse nicht mehr als 6J benötigen. Zusätzlich wurde der Gesamtenergiebedarf (in Wh) berechnet. Die in den in den Tabellen 1 und 2 aufgeführten Energiebedarfe beziehen sich nur auf die Kontrolleinheit (Smartphone). Energiebedarfe des Fahrzeugs wurden getrennt erfasst (s. Abb. 4), wobei die für die Aktuatorik notwendige Energie nicht berücksichtigt wurde. Alle Messwerte wurden aggregiert und normalisiert.

	Energie-Bedarf		Verletzung der Vorgaben		
	Gesamt (Wh)	ØPro Auftrag	Performanz	Zeit	Energie
Lauf 1 (Full Power)	1,6124	5,8J	0,05%	0,99%	9,43%
Lauf 2 (Energy Saver)	0,1946	0,7J	20,3%	18,67%	0,05%
Lauf 3 (Green Job)	0,36140	1,3J	4,37%	9,55%	0,87%

Tabelle 1. Ergebnisse der Fallstudie - Initial

Der Einsatz der auf Performanz und Zeittreue ausgerichteten Full-Power-Strategie zeigt interessante aber keine überraschenden Ergebnisse. Wichtig sind aber die ermittelten Basiswerte von durchschnittlich 5,8J pro Auftrag und somit der Gesamtenergiebedarf von 1,6124Wh für eine Fahrtstrecke von ca. 1.000

---

[1] Die beiden anderen Läufe wurden 100mal wiederholt.

Punkten ($\widehat{=}$ ca. 3km über den FH Campus). Dieser Energiebedarf kann drastisch durch den konsequenten Einsatz von Ressourcensubstitution auf 1,6124Wh bzw. 0,7J pro Auftrag reduziert werden. Allerdings führt dies auch zu einer nicht-akzeptablen Rate von Verstößen gegen Qualitätsvorgaben und damit zu Unfällen. Der Einsatz „smarter" Optimierung bei gleichzeitiger „Aufweichung" von Grenzwerten führt dagegen zu signifikanten Einsparungen (1,3J statt 5,8J je Auftrag) bei einer gleichzeitig niedrigen Fehlerrate.

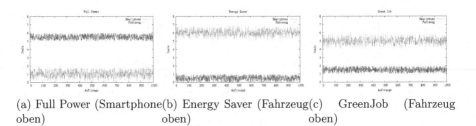

(a) Full Power (Smartphone oben) (b) Energy Saver (Fahrzeug oben) (c) GreenJob (Fahrzeug oben)

Abb. 4. Energiebedarfe für Smartphone und Fahrzeug für je einen exemplarischen Lauf

Zur Validierung der erzielten Ergebnisse wurde die Untersuchung, mit veränderten Indikatoren, repliziert. Hierzu wurden die Grenzwerte bezüglich Performanz, Timing und Energie um 30% erhöht. Tabelle 2 zeigt die hierbei ermittelten Messwerte, wobei die Erhöhung der Vorgaben deutlich in den Messwerten erkennbar ist. Je nach Strategie nimmt die Anzahl der Qualitätsverletzungen bzw. der Energieverbrauch deutlich zu. Dies deutet daraufhin, dass das Verfahren der Ressourcensubstitution zum Zwecke der Energieoptimierung nur bedingt für „hart-echtzeitfähige" Systeme verwendbar ist.

	Energie-Bedarf		Verletzung der Vorgaben		
	Gesamt	ØPro Auftrag	Performanz	Zeit	Energie
Lauf 1 (Full Power)	1,63888	5,90J	0,10%	1,00%	30,43%
Lauf 2 (Energy Saver)	0,25000	0,90J	39,70%	29,33%	0,15%
Lauf 3 (Green Job)	0,52777	1,9J	12,49%	14,66%	1,47%

Tabelle 2. Ergebnisse der Fallstudie - Variation

In eigenen Vorarbeiten [5] haben wir gezeigt, dass Ressourcensubstitution den Energiebedarf eines Systems signifikant senkt. Die aktuelle Untersuchung verdeutlicht, dass prinzipiell die Gefahr besteht, dass der Gesamtenergiebedarf (Kontrolleinheit und kontrollierte Einheit), aufgrund des Mehraufwandes der Substitution, steigt. Ein Grund ist die enge Verflechtung von Dienstgüte, Performanz und Energiebedarfen. Werden Performanz- und Dienstgüteanforderungen unverändert beibehalten, kommt es zu Verlagerungseffekten zwischen Teilkomponenten des Systems. Abbildung 5 stellt die Energiebedarfe der Komponenten für einzelne Wegpunkte je Strategie gegenüber. Die für das Fahrzeug aufgeführten Daten berücksichtigen nicht die Energiebedarfe der Aktuatoren. Eine nähere Betrachtung der Werte ermöglicht Rückschlüsse auf die Substitutionszeitpunkte, was aber nicht Gegenstand dieses Papieres ist.

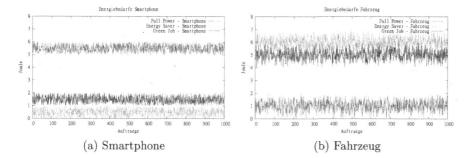

(a) Smartphone   (b) Fahrzeug

Abb. 5. Energiebedarfe für Smartphone und Fahrzeug nach gewählter Strategie

Insgesamt hat sich gezeigt, dass Performanz und damit auch Zeittreue einer maximalen Energieeinsparung diametral entgegenwirken. Die naive Maximierung der Energieeinsparung führte zu signifikanten Verletzungen gesetzter Grenzen und damit zu Schäden. Im Rahmen der Studie waren mehrere Totalschäden des Fahrzeugs zu beobachten. Die Garantie von eng definierten Qualitätsvorgaben reduzierte die Anzahl der Grenzverletzungen auf nahezu Null, verhinderte aber Energieeinsparungen. In der Realität muss daher ein Mittelweg gefunden werden, der Qualität und Energie gegeneinander ausbalanziert. Die Verwendung eine relaxierten Strategie mit erweiterten Vorgaben führte zu eine annehmbaren Reduktion der zugesicherten Qualität.

6 Zusammenfassung und Ausblick

Energiebedarfe, insbesondere im Bereich der Informations- und Kommunikationstechnologie, unterliegen einem stetigen Wachstum. Aus Gründen des Natur- und Umweltschutzes aber auch aus ökonomischen Gründen sind daher Maßnahmen zur Optimierung von Energiebedarfen erforderlich. Ein Ansatzpunkt ist hierbei die auf einem System ausgeführte Software [5], wobei allerdings der vermutete enge Zusammenhang zwischen Energiebedarf und Faktoren wie Service-Qualität, Performanz, etc. nicht vernachlässigt werden darf. Die in diesem Artikel beschriebene Fallstudie untersuchte diese Zusammenhänge und bestätigte die Annahme, dass eine isolierte Optimierung z.B. des Energiebedarfs von Software-Systemen zu gegenteiligen Effekten bezüglich anderer Faktoren führen kann. Es bedarf daher neuer Strategien. Im Rahmen der Fallstudie wurde eine solche Strategie basierend auf der Idee der Ressourcensubstitution [8] entwickelt und erfolgreich erprobt. Wichtig ist hierbei, dass bei isolierter Betrachtung bzw. bei gleichbleibender Performanz und Dienstgüte die erzielte Optimierung des Energiebedarfs einen lokalen Charakter aufwies. Die Gesamtenergiebilanz (Summe aller Teilkomponenten) blieb gleich, bzw. stieg aufgrund des für das Verfahren notwendigen Bedarfs sogar an. Dies zeigt, dass Ressourcesubstitution zwar Energiebedarfe optimieren kann, allerdings nur bei Inkaufnahme von Einbußen bezüglich anderer Faktoren. Gründe hierfür sind notwendige Datenkompressionen, algorithmische Effizienz, etc. Dies ist bei der Definition von Optimierungsstrategien zu berücksichtigen. Die Chance ist aber, dass bei gleichbleibender Güte und

Performanz eine hohe Nutzerakzeptanz erwartet werden kann, während gleichzeitig, vom Nutzer unbemerkt, der jeweils „günstigste" bzw. effizienteste oder umweltverträglichste Verbraucher gewählt werden kann. Offene Fragen sind in diesem Zusammenhang die Abschätzung von Ausführungszeiten verschiedener Ausführungsalternativen und die Auswahl bzw. Anwendung der „günstigsten" Alternative im Dreieck Dienstgüte, Energieverbrauch und Benutzerwünsche.

Literaturverzeichnis

1. Basmadjian, R., Bunse, C., Georgiadou, V., Giuliani, G., Klingert, S., Lovasz, G., Majanen, M.: FIT4Green — Energy aware ICT Optimization Policies. *Proc. of the COST Action IC0804*, Brüssel, Belgien, COST Office (2010) 88–92
2. Webb, M.: SMART 2020: Enabling the low carbon economy in the information age. 34. European Conference on Optical Communication (2008) http://www.ecoc2008.org/documents/SYMPTu_Webb.pdf.
3. Veijalainen, J., Ojanen, E., Haq, M.A., Vahteala, V.P., Matsumoto, M.: Energy Consumption Tradeoffs for Compressed Wireless Data at a Mobile Terminal. IEICE Transactions on Communications E87-B (2004) 1123–1130
4. Bunse, C., Klingert, S., Schulze, T.: GreenSLAs for the Eco-efficient Management of Data Centres. *Proceedings of the 2nd International Conference on Energy-Efficient Computing and Networking.* (2011)
5. Bunse, C., Höpfner, H.: Energieeffiziente Software-Systeme. *Eingebettete Systeme*, Tagungsband Echtzeit 2010, Boppard. Berlin/Heidelberg, Springer (2010)
6. Bunse, C., Höpfner, H., Roychoudhury, S., Mansour, E.: Energy efficient data sorting using standard sorting algorithms. Volume 50 of CCIS., Berlin/Heidelberg, Springer (2011) 247–260
7. Höpfner, H., Bunse, C.: Towards an energy-consumption based complexity classification for resource substitution strategies. Volume 581 of CEUR. (2010)
8. Bunse, C., Höpfner, H.: Resource substitution with components — optimizing energy consumption. *Proc. of the 3rd International Conference on Software and Data Technologie*, Porto. INSTICC press (2008) 28–35
9. Kansal, A., Zhao, F.: Fine-grained energy profiling for power-aware application design. ACM SIGMETRICS Performance Evaluation Review 36 (2008) 26–31
10. Google: Designing for performance. Web (2011) http://developer.android.com/guide/practices/design/performance.html.
11. Intel: Energy-efficient software guidelines. Web (2010) http://software.intel.com/en-us/articles/energy-efficient- software-guidelines/.
12. Larsson, P.: Energy-efficient software guidelines. Whitepaper (2008) http://software.intel.com/file/1332.
13. Grimm, S., Kanzler, S., Miege, T., Brinke, M., Mittag, M.: Projektarbeit Messplatzautomatisierung - Autonomes Fahrzeug. Hochschule Merseburg - Web (2006) http://www.inw.hs-merseburg.de/~viuser/Links/Messplatzautomatisierung/Bobby Car/Bobby Car - Meeting 5.pdf.
14. Seo, C., Malek, S., Medvidovic, N.: Component-level energy consumption estimation for distributed java-based software systems. Volume 5282/2008 of LNCS., Berlin/Heidelberg, Springer (2008) 97–113

Skalierbare Rechensysteme für Echtzeitanwendungen

Stefan Aust und Harald Richter

Institut für Informatik
TU Clausthal, 38678 Clausthal-Zellerfeld
stefan.aust|harald.richter@tu-clausthal.de

Zusammenfassung. Die steigende Komplexität von Echtzeitanwendungen führt zu wachsenden Problemen im Bereich des Task-Schedulings. Eine steigende Nachfrage nach mehr Rechenleistung lässt sich nur durch Mehrprozessorsysteme (i.e. Multicore-CPUs) erfüllen. Das Konzept des Space Sharing bietet die Möglichkeit, Echtzeitaufgaben physikalisch auf ein konfigurierbares Mehrprozessorsystem abzubilden und dort auszuführen. Ein entscheidendes Kriterium für die Echtzeitfähigkeit von Mehrprozessorsystemen ist die Interprozessorkommunikation. Hierfür eignen sich mehrstufige Netze, deren Ursprung im Bereich der Telekommunikation liegt und die auch bei Parallelrechnern eingesetzt werden. Allerdings sind diese bisher nicht echtzeitfähig. In diesem Beitrag wird vorgeschlagen, Space Sharing in Kombination mit blockierungsfreien mehrstufigen Netzen für die Kommunikation zwischen Echtzeit-Tasks einzusetzen, da sie eine vorhersagbare Latenz bei der Interprozessorkommunikation haben.

1 Einleitung

Die Datenverarbeitung in einem Echtzeitsystem zeichnet sich dadurch aus, dass Steuerungs-, Regelungs- und Prozessautomationsaufgaben entweder innerhalb definierter Zeitgrenzen oder zu bestimmten Zeitpunkten ausgeführt werden müssen. Dies wird durch ein mehr oder weniger komplexes Task Scheduling erreicht. In der Vergangenheit ist die Komplexität von Echtzeitanwendungen stetig weiter gewachsen, so dass die zeitliche Korrektheit der Software immer schwieriger zu garantieren ist. Dadurch entstehen zwei Probleme. Das erste Problem besteht in der massiv wachsenden Nachfrage nach mehr Rechenleistung, um die Echtzeitbedingungen zu erfüllen. Nach dem derzeitigen Stand kann diese Nachfrage nicht von einem einzelnen Prozessor, sondern nur durch den Einsatz von Mehrprozessorsystemen gedeckt werden, die als Multicore-CPUs ausgeführt sind. Mehrprozessorsysteme existieren zwar seit vielen Jahren in der Form von großen Parallelrechnern mit zehntausenden Prozessoren, allerdings sind solche Supercomputer auf maximale Rechenleistung ausgelegt. Ein Echtzeitverhalten bei der Datenverarbeitung weisen diese Rechner nicht auf. Das zweite Problem zeigt sich im Multitasking-Betrieb. Je komplexer die Echtzeitanwendung, desto schwieriger wird es, eine geeignete Scheduling-Strategie für die Ausführung nebenläufiger Tasks (Prozesse) zu finden, welche das gewünschte Verhalten des Rechensystems garantiert. In dieser Situation verfolgt der Ansatz des Space Sharings

W.A. Halang (ed.), *Herausforderungen durch Echtzeitbetrieb*, Informatik aktuell,
DOI 10.1007/978-3-642-24658-6_13, © Springer-Verlag Berlin Heidelberg 2012

das Ziel, eine skalierbare Rechnerarchitektur mit ausreichend Rechenleistung für die Verarbeitung von Echtzeitdaten zur Verfügung zu stellen. Space Sharing für Echtzeit-Anwendungen wurde erstmals von den Autoren in [1] und [2] eingeführt.

2   Space Sharing

Der heute weit verbreitete Multitasking-Betrieb eines Rechensystems zeichnet sich durch die nebenläufige Ausführung mehrerer Tasks aus. In einem Single- oder Multi-Core-System besteht das Problem bei der nebenläufigen Ausführung darin, dass deutlich mehr Tasks als Prozessoren existieren, wodurch Konkurrenzsituationen zwischen ablaufbereiten Tasks entstehen. Um das Problem des Task-Scheduling zu lösen, schlagen wir Space Sharing für die nebenläufige Ausführung von Tasks vor [1]. Space Sharing basiert auf dem Prinzip des „divide et impera", das auch bei rechenintensiven Aufgaben in Parallelrechnern erfolgreich angewendet wird. Bei Parallelrechnern erfolgt die Steigerung der Rechenleistung durch die Zerlegung einer Rechenaufgabe in möglichst feingranulare Teilaufgaben und der anschließenden simultanen Ausführung auf vielen Prozessoren. Dieses Prinzip funktioniert auch bei der Ausführung nebenläufiger Tasks. Bei Space Sharing wird die Anzahl der Prozessoren so weit erhöht, dass für jede Teilaufgabe ein Prozessor exklusiv zugeordnet werden kann (Abb. 1). Auf diese Weise wird die Konkurrenzsituation nebenläufiger Tasks gelöst. Der Begriff Space Sharing rührt daher, dass Tasks auf die vorhandene Chipfläche verteilt werden.

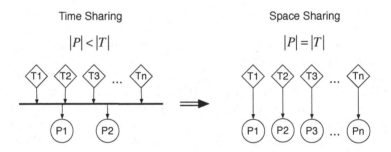

Abb. 1. Time-Sharing vs. Space Sharing [1]

3   Interprozessorkommunikation

Die Eigenschaften eines Multiprozessorsystems werden ganz wesentlich von der Kommunikation zwischen den Prozessoren bestimmt. Um die Echtzeitfähigkeit des Rechensystems sicherzustellen, muss die Interprozessor-Kommunikation in Echtzeit erfolgen. Bei Parallelrechnern beruht die Kommunikationshardware auf einem skalierbaren Verbindungsnetzwerk zwischen den Prozessoren. Da das Multiprozessorsystem als System-on-Chip (MPSoC) auf einem einzigen Chip implementiert werden soll, wird das Verbindungsnetzwerk als Network-on-Chip (NoC) auf demselben Chip integriert. NoCs lösen mehr und mehr konventionelle Bussysteme ab, die aufgrund ihrer geringen Skalierbarkeit und Bandbreite in Multiprozessorsystemen nicht effizient einsetzbar sind [3, 4]. Dazu wurden in der Vergangenheit diverse Studien an NoCs vorgenommen [5–8]. Diese beschränken sich allerdings auf die Implementierung von Topologien statischer Netze ohne die Berücksichtigung von Echtzeiteigenschaften.

3.1 Mehrstufige Netze

Bei einigen Parallelrechnern werden dynamische Netze als Verbindungsnetzwerk verwendet, die auch als indirekte oder mehrstufige Netze (engl.: Multistage Interconnection Network, MIN) bezeichnet werden. Sie bieten den Vorteil, dass mit ihnen sehr große Netzwerke zu vergleichsweise niedrigen Kosten in Hardware realisiert werden können. Diese Eigenschaft ist für ein NoC aufgrund der limitierten Chipfläche von besonderem Interesse.

Die Architektur mehrstufiger Netze besteht im Wesentlichen aus in Stufen organisierten Kreuzschaltern der Größe 2x2, die wahlweise auf parallelen oder gekreuzten Durchgang gesetzt werden können (Abb. 2).

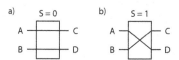

Abb. 2. 2x2 Kreuzschalter: a) gerade, b) gekreuzt

Die einzelnen Schalterstufen sind durch Permutationsfunktionen, den Verdrahtungsstufen, miteinander verbunden. Die Verbindungen zwischen Ein- und Ausgängen des Netzwerks entstehen aus der Verkettung aller Stufen, wobei die Kreuzschalter für eine Vielzahl potentieller Permutationen sorgen. Die Abb. 3 zeigt ein mehrstufiges Netz der Größe 8x8, bei dem die Kreuzschalter durch Unshuffle-Permutationen verdrahtet sind [9].

Im Vergleich zu den bisher bei NoCs eingesetzten Topologien statischer Netze wie Gitter oder Torus, bieten dynamische Netze eine ganze Reihe von Vorteilen. Bei statischen Netzen besitzt jeder Knoten mehrere Nachbarknoten, d.h., dass jeder Knoten mehrere Netzwerkschnittstellen aufweisen muss. Dazu kommt, dass jeder Rechenknoten gleichzeitig auch Routerknoten sein muss. Bei einem mehrstufigen Netzwerk, wie in der Abb. 3 dargestellt, benötigt jeder Rechenknoten unabhängig von der Netzgröße nur eine einzige Schnittstelle zum Netzwerk. Eine Routingaufgabe müssen die Rechenknoten nicht übernehmen. Einen weiteren wichtigen Vorteil bietet die Möglichkeit zur Leitungsvermittlung. Hierdurch

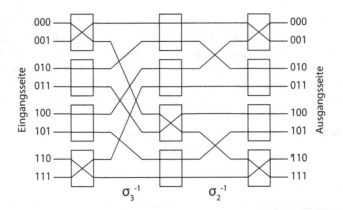

Abb. 3. Permutation im Baseline-Netz der Größe 8x8

kann der Sender die Nachricht über einen exklusiv zur Verfügung stehenden Kommunikationspfad direkt an den Empfänger übermitteln. Dadurch entfällt die Zeit, die ein Transfer über Zwischenknoten auf dem Weg vom Sender zum Empfänger benötigt. Die Entstehung von Datenstau an besonders verkehrsbelasteten Routerknoten im Netz, den Hotspots, wird vermieden, was die Echtzeitfähigkeit deutlich verbessert. Durch ein zentral organisiertes Routing kann das Echtzeitverhalten des Netzes einfacher sichergestellt werden. Nachteilig ist bei einer zentralen Wegewahlinstanz allerdings die höhere Komplexität bei der Leitungsvermittlung. Die Gefahr des Single Point of Failure, d.h. ein Totalausfall der Kommunikation durch einen defekten Netzwerk-Controller, ist aufgrund des SoC-Designs jedoch als sehr gering einzuschätzen.

Mehrstufige Netze sind mit Ausnahme ihrer Echtzeiteigenschaften heute weitgehend erforscht. Aus unserer Sicht lassen sich mehrstufige Netze hinsichtlich ihrer Echtzeiteigenschaften in nicht-blockierungsfreie und blockierungsfreie Netze einteilen. Die Abb. 4 zeigt beide Kategorien mehrstufiger Netze, die in den nachfolgenden Abschnitten näher diskutiert werden.

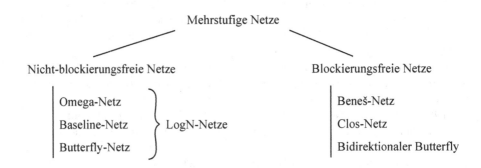

Abb. 4. Echtzeit-Kategorien mehrstufiger Netze

3.2   Nicht-blockierungsfreie Netze

Zu den nicht-blockierungsfreien Netzen zählen alle Varianten der sog. logN-Netze [9]. Deren Bezeichnung ergibt sich aus der Eigenschaft, dass sie aus $Nlog_2N$ Kreuzschaltern in log_2N Stufen aufgebaut sind, wobei N die Anzahl der Ein- und Ausgänge im Netzwerk bezeichnet (vgl. Abb. 3). LogN-Netze benötigen die kleinste Anzahl von Stufen, um jeden Eingang mit jedem Ausgang verbinden zu können. Allerdings gilt bei logN-Netzen die Einschränkung, dass nicht alle Permutationen realisiert werden können. D.h., dass zwar jeder Eingang mit jedem Ausgang verbunden werden kann, aber im Allgemeinfall nicht alle Eingänge gleichzeitig. Aus diesem Grund werden logN-Netze auch als nicht-blockierungsfreie Netze bezeichnet. Positiv zu werten ist, dass logN-Netze aufgrund ihrer Eigenschaft der Pfadeindeutigkeit einen äußerst einfachen Routing-algorithmus erlauben. Für Echtzeitaufgaben sind sie nur bedingt geeignet, weil die Latenz der Datenübertragung von den konkreten Verbindungswünschen abhängt. Bei bestimmten ungünstigen Verbindungen muss einer oder mehrere Sender warten, bis die Kollision im Netz aufgelöst ist. Um die Echtzeitfähigkeit von logN-Netzen trotz ihrer Nichtblockierungsfreiheit zu gewährleisten, muss das Vermitteln von Leitungen durch das Netz kontrolliert erfolgen. Dies geschieht mit Hilfe eines Schedulings der zu vermittelnden Verbindungen. Das Scheduling kann entweder statisch während der Konfigurationsphase oder dynamisch zur Laufzeit erfolgen. Der zu beschreitende Pfad und die Dauer der Verbindung kann im statischen Fall in einer Schedulingtabelle festgeschrieben werden. So kann bereits vor der Ausführung einer Software-Anwendung geprüft werden, ob alle Verbindungswünsche fristgerecht erfüllt oder ob Zeitschranken (Deadlines) verletzt werden. Beim dynamischen Scheduling muss ähnlich wie beim Task-Scheduling ein zeiteffizienter Scheduling-Algorithmus existieren. Eine Vorhersage über das tatsächliche Zeitverhalten ist dann nur durch eine Vorabsimulation der Interprozessor-Kommunikation möglich. Letzlich wird damit aber nur das Task-Scheduling auf das Schedulen von Verbindungen verlagert und stellt somit keinen Gewinn dar.

3.3   Blockierungsfreie Netze

Schaltet man zwei nicht-blockierungsfreie logN-Netze hintereinander, so erhält man die zweite Echtzeit-Kategorie mehrstufiger Netze, die sog. blockierungsfreien Netze. Die Abb. 5 zeigt das von V. E. Beneš vorgestellte Beneš-Netz, dessen Topologie aus der Verkettung zweier gespiegelter Baseline-Netze entsteht, wobei die letzte Stufe des ersten Netzes und die erste Stufe des zweiten Netzes miteinander verschmelzen [10]. Durch die auf $2log_2N - 1$ vergrößerte Stufenanzahl besitzen blockierungsfreie Netze die Eigenschaft, jeden Eingang zu jedem Zeitpunkt mit jedem freien Ausgang verbinden zu können. Diese Eigenschaft basiert auf der Existenz von Pfad-Alternativen in dem fast doppelt so großen Netz. Die Anzahl möglicher Pfade von jedem Eingang zu jedem Ausgang steigt proportional mit der Anzahl der Ein- und Ausgänge.

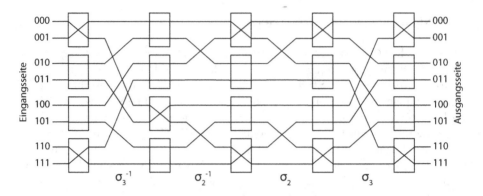

Abb. 5. Permutation im Beneš-Netz der Größe 8x8

Aufgrund der fehlenden Pfadeindeutigkeit können zwar alle gewünschten Verbindungen sofort vermittelt werden, allerdings müssen u. U. bereits bestehende Verbindungen auf alternative Pfade geroutet werden. Da dieser Vorgang bei sequentieller Ausführung eine nichtlineare Zeitkomplexität besitzt, entstehen hier im Vergleich zu den nichtblockierungsfreien logN-Netzen neben den zusätzlichen Stufen weitere Kosten durch das sehr aufwändige Routingverfahren. Dafür bieten diese Netze eine garantiert echtzeitfähige Kommunikationsstruktur ohne die Verwendung eines Schedulings.

Dezentrales Routing im Beneš-Netz Das Routing stellt bei blockierungsfreien Netzen den größten Kostenfaktor dar. Aus diesem Grund gab es Bestrebungen, selbstorganisierende Netze (engl.: self-routing networks) zu entwerfen, um die Routingfunktion ähnlich den logN-Netzen dezentral auf die Ebene der Kreuzschalter zu verlagern [11, 12]. Allerdings ist bis heute kein dezentraler Routingalgorithmus bekannt, der in der Lage ist, alle Verbindungswünsche im Beneš-Netz zu routen. Der Grund für diese Einschränkung liegt in der Topologie des Beneš-Netzes. Aufgrund seines rekursiven Aufbaus und der Subshuffle-Verdrahtung der inneren Stufen zerfällt das Netz zur Mitte in zwei unabhängige Teilnetze. Da durch die Shuffle-Verdrahtungsstufe von jedem Kreuzschalter jeweils ein Ausgang in die obere und ein Ausgang in die untere Hälfte verdrahtet ist, müssen beim Routing die komplementären Ein- bzw. Ausgänge der Kreuzschalter auf beiden Seiten berücksichtigt werden. Aufgrund dieser Abhängigkeiten kann das Routing nicht auf Schalterebene erfolgen.

Zentrales Routing im Beneš-Netz Ein bekanntes Routing-Verfahren, dass alle möglichen Verbindungswünsche im Beneš-Netz erfüllen kann, ist das Looping-Routing [9]. Der große Nachteil dieses Verfahrens liegt darin, dass die Schalterstellungen von einer zentralen Instanz in $\mathcal{O}(N\log_2 N)$ Schritten seriell bestimmt werden. Das heißt, dass der Aufbau einer einzigen Verbindung in einem Netzwerk mit N=512 Prozessoren in 4096 Einzelschritten erfolgt. Solche Kosten sind in einem Echtzeitsystem nicht tolerierbar.

Die Lösung für das Routing-Problem im Beneš-Netz ergibt sich aus dem sog. Richter-Netz, das von einem der Autoren in [13] vorgestellt wurde. Bei diesem Netz handelt es sich um ein doppeltes Baseline-Netz, welches in eine linke und eine rechte Seite geteilt wird. Das Routing der rechten Seite erfolgt wie in einem nicht-blockierungsfreien logN-Netz, d.h. in $\log_2 N$ Stufen und der bitweisen Auswertung der binären Zieladresse $I = (i_{n-1},...,i_0)$. Damit die rechte Seite blockierungsfrei geroutet werden kann, muss die Eingangspermutation der Zieladressen auf der linken Seite entsprechend vorsortiert werden. Dies geschieht in den ersten $\log_2 N - 1$ Stufen des Netzes durch die stufenweise Separation der Komplementäradressen $I = I' = (i_{n-1},...,i_{s+1})$ in die inneren Teilnetze (Abb. 6).

Neben der funktionalen und topologischen Äquivalenz, die für alle logN-Netze gilt, besitzt das Baseline-Netz zusätzlich die Besonderheit des identischen Routings der normalen und der gespiegelten Variante [9]. Aufgrund dieser besonderen Eigenschaft funktioniert das Routing-Verfahren des doppelten Baseline-Netzes auch im Beneš-Netz, welches aus einem normalen und einem inversen Baseline-Netz aufgebaut ist, so dass das Richter-Netz ohne Einschränkungen in ein Beneš-Netz überführt werden kann (Abb. 6).

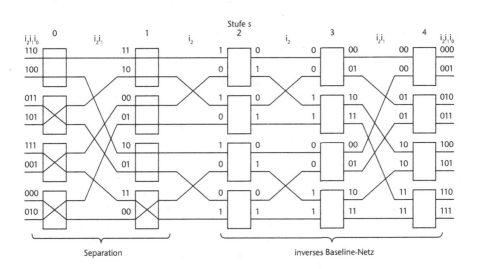

Abb. 6. Echtzeitfähiges Routing im Beneš-Netzes

Der in Abb. 6 dargestellte Routing-Algorithmus lässt sich durch kombinatorische Logik in disjunktiver oder konjunktiver Normalform ausführen. Das entstandene Schaltnetz kann direkt in Hardware implementiert werden (vgl. Abschnitt 4), wodurch das gesamte Netz unabhängig von dessen Größe quasi verzögerungsfrei geroutet werden kann.

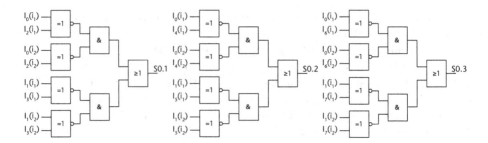

Abb. 7. Schaltnetz zur Bestimmung der Schalterstellungen der ersten Stufe

4   Implementierung im FPGA

Für Space Sharing in Echtzeitsystemen sind zwei grundsätzliche Voraussetzungen nötig. Die erste Voraussetzung besteht darin, dass Art und Umfang der Software vor der Laufzeit bekannt sein müssen und sich zur Laufzeit nicht mehr ändern. Diese Forderung ist in Echtzeitsystemen i.d.R. erfüllbar. Die zweite Voraussetzung betrifft die Implementierung des Multiprozessorsystems in Hardware. Da die benötigte Anzahl an Prozessoren von der Anzahl nebenläufiger Tasks abhängt, muss die Rechenhardware so flexibel anzupassen sein wie Software. Diese Forderung kann mittels programmierbarer Logikbausteine (FPGAs) und der Implementierung als Multiprozessorsystem on-Chip (MPSoC) erfüllt werden. Die Prozessorlogik kann in Form von sog. Softprozessoren flexibel in FPGA-Hardware implementiert werden. Die maximale Taktrate von FPGA-basierten Softprozessoren erreicht mit 50 bis 200 MHz derzeit nur rund ein Zehntel der Taktrate „richtiger" Prozessoren, da jeder Softprozessor aber nur einen kleinen Teil der Anwender-Software ausführt, ist die Rechenleistung von Softprozessoren im Allgemeinen ausreichend. Auch der zur Verfügung stehende Speicher pro Prozessor ist deutlich kleiner. Viele Aufgaben aus der Steuerungs-, Regelungs- und Prozessautomationstechnik erfordern jedoch keine GHz und GByte. Zudem bieten Softprozessoren die Möglichkeit, dass die Prozessororganisation und -architektur beliebig erweitert oder reduziert werden kann. Softprozessoren erlauben damit eine bedarfsorientierte Implementierung spezifischer Befehlssätze sowie zusätzlicher Recheneinheiten und Koprozessoren, sofern erforderlich. Die maximale Anzahl an Prozessoren in einem FPGA-basierten MPSoC wird durch die Architektur der Prozessoren und durch die Anzahl der verfügbaren Logikzellen auf dem jeweiligen FPGA begrenzt. In den letzten Jahren haben FPGAs aufgrund höherer Integrationsdichten und effizienterer Technologien in jeder Hinsicht einen enormen Entwicklungsschub erfahren (vgl. Abb. 8), so dass mit der derzeit aktuellen Generation Virtex-7 (Stand: Juni 2011) Multiprozessorsysteme mit mehreren hundert Softprozessoren auf einem einzigen Chip, wenn auch bei relativ geringen Taktraten und kleinem Speicher, technisch realisierbar sind.

Die Abb. 9 zeigt den Aufbau und die Implementierung eines MPSoC mit 8 Prozessoren, wie es von uns in einem Virtex-4 FPGA der Firma Xilinx getestet wurde. Die Prozessoren sind proprietäre 32-Bit RISC Softprozessoren vom Typ

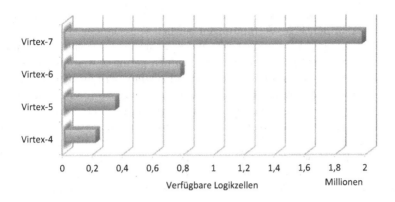

Abb. 8. Evolution von Xilinx FPGAs anhand der verfügbaren Logikzellen pro Chip

MicroBlaze. Jeder Prozessor besitzt lokale Speicher für Daten und Befehle. Die Interprozessor-Kommunikation erfolgt durch das Senden von Nachrichten über 32-Bit breite unidirektionale Kanäle (Fast Simplex Link). Die maximale Bandbreite des Netzwerks steigt aufgrund der simultanen Übertragung auf mehreren Kanälen proportional mit der Anzahl N der Teilnehmer im Netz, was die Skalierbarkeit des MPSoC deutlich verbessert. Das Verbindungsnetzwerk inkl. Routingalgorithmus ist in einem eigenen IP-Core mit entsprechend vielen FSL-Interfaces untergebracht. Zum Senden einer Nachricht wird zunächst die Zieladresse über den Steuerkanal des FSL-Interfaces an das Verbindungsnetzwerk gesendet. Sobald der gewünschte Ausgang nicht belegt ist, wird die Verbindung vom Sender zum Empfänger aufgebaut, so dass bereits im nächsten Takt die Nachricht über den Datenkanal an den Empfänger der Nachricht übermittelt wird. Der Abbau der Verbindung erfolgt durch das Senden der eigenen Adresse über den Steuerkanal an das Verbindungsnetzwerk.

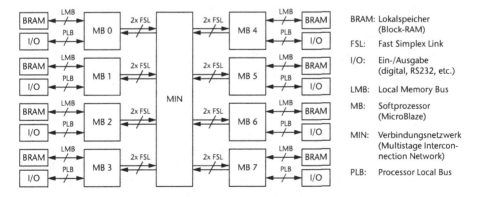

Abb. 9. Implementierung eines MPSoC mit 8 Prozessoren im Xilinx FPGA

Die Kommunikation zwischen Sender und Empfänger ist durch zusätzliche FIFO-Speicher in den FSL-Verbindungen zeitlich voneinander entkoppelt. Dies ermöglicht ein sog. GALS-Design (globally asynchronous, locally synchronous), bei dem die einzelnen Prozessoren unterschiedlich getaktet werden können, um die dynamische Leistungsaufnahme des Rechensystems zu optimieren. Die vom Taktteiler erzeugte Taktrate kann für jeden Prozessor zur Laufzeit vom Programm so verändert werden, dass rechenintensive Programmteile mehr Rechenleistung bekommen als z.B. Warteschleifen. Dazu wird die Taktrate als Kommandozeile im Programm deklariert und bei Ausführung als Wert an den Taktteilerbaustein übergeben. Eine weitere Möglichkeit zur Senkung des Energieverbrauchs besteht bei Space Sharing darin, die Größe der lokalen Befehls- und Datenspeicher im FPGA den Anforderungen des Programms anzupassen.

Literaturverzeichnis

1. Aust, S., Richter, H.: *Space Division of Processing Power for Feed Forward and Feed Back Control in Complex Production and Packaging Machinery.* Proceedings of World Automation Congress, Kobe: S. 1–6, 2010
2. Aust, S., Richter, H.: *Ein Echtzeitparallelrechner zur Rezentralisierung von Steuergeräten im Automobil.* erschienen in Tschöke, H. (Hrsg.), Krahl, J. (Hrsg.), Munack, A. (Hrsg.): *Innovative Automobiltechnik II.* S. 70–88, Expert Verlag 2010
3. Benini, L., und De Micheli, G.: *Networks on chips: a new SoC paradigm.* IEEE Computer Magazine, Vol. 35, Nr. 1, S. 70–78, 2002
4. Lee, H .G., Chang, N., Ogras, U. Y., und Marculescu, R.: *On-chip communication architecture exploration: A quantitative evaluation of point-to-point, bus, and network-on-chip approaches.* ACM Transactions on Design Automation of Electronic Systems, Vol. 12, Nr. 3, Artikel 23, 2007
5. Kumar, S., Jantsch, A., Soininen, J.-P., Forsell, M., Millberg, M., Öberg, J., Tiensyrjä, K., und Hemani, A.: *A Network on Chip Architecture and Design Methodology.* Proceedings of the IEEE Computer Society Annual Symposium on VLSI (ISVLSI), S. 105–112, 2002
6. Bjerregaard, T., und Mahadevan, S.: *A Survey of Research and Practices of Network-on-Chip.* ACM Computing Surveys (CSUR), Vol. 38, Ausgabe 1, 2006
7. Zeferino, C. A., und Susin, A. A.: *SoCIN: A Parametric and Scalable Network-on-Chip.* Integrated Circuits and Systems Design (SBCCI), S. 169–174, 2003
8. Benini, L., und De Micheli, G.: *Networks on Chips: Technology and Tools.* San Francisco: Morgan Kaufmann 2006
9. Richter, H.: *Verbindungsnetzwerke für parallele und verteilte Systeme.* Heidelberg: Spektrum Akademischer Verlag 1997
10. Grammatikakis, M. D., Hsu, D. F., und Kraetzl, M.: *Parallel System Interconnections and Communications.* Boca Raton; London; New York; Washington: CRC Press Inc. 2000
11. Nassimi, D., Sahni, S.: *A Self-Routing Beneš Network and Parallel Permutation Algorithms.* IEEE Trans. on Comp., Vol. C-30, Ausgabe 5, S. 332–340, 1981
12. Raghavendra, C. S., Boppana, R. V.: *On Self-Routing in Beneš and Shuffle-Exchange Networks.* IEEE Trans. on Comp., Vol. 40, Nr. 9, S. 1057–1064, 1991
13. Richter, H.: *Multiprozessor mit dynamisch variabler Topologie.* Dissertation, Fakultät für Elektrotechnik und Informationstechnik, Technische Universität München, 1987

Konzept zur Erhöhung der Flexibilität von Produktionsanlagen durch Einsatz von rekonfigurierbaren Anlagenkomponenten und echtzeitfähigen Softwareagenten

Jens Folmer, Daniel Schütz, Markus Schraufstetter und Birgit Vogel-Heuser

Lehrstuhl für Automatisierung und Informationssysteme
Technische Universität München
Boltzmannstraße 15, 85748 Garching b. München
{folmer|schuetz|vogel-heuser}@ais.mw.tum.de

Zusammenfassung. Im Rahmen dieser Arbeit wurde ein agentenbasierter Steuerungsansatz entwickelt und auf einer Siemens-Steuerung implementiert. Eine Dienst-Schnittstelle realisiert die vertikale Integration zum Fertigungsleitsystem. Sowohl die Realisierung als auch Evaluierung des Entwurfs erfolgte am Beispiel einer Einspannvorrichtung für eine Fräsmaschine. Der Steuerungsagent bildet die Funktionen der Einspannvorrichtung in Form von Diensten ab und bietet diese anderen Agenten während Ausschreibungs- und Verhandlungsprozessen zur Abwicklung einzelner Prozessschritte an. Der Agent als autonome Einheit kapselt seinen Zustand und sein Verhalten, trifft eigenständig Entscheidungen und handelt zielgerichtet. Über Kommunikationsschnittstellen können die Agenten sowohl innerhalb der Feldebene miteinander als auch darüber hinaus mit Prozessagenten auf einem Fertigungsleitsystem kommunizieren. Der Agent rekonfiguriert die Einspannvorrichtung zur Laufzeit. Der Steuerungsagent überwacht die Ausführung der Automatisierungsaufgabe und passt im Fehlerfall die Abläufe der Einspannvorrichtung an. Die deliberative Agentenstruktur verwendet eine Wissensbasis mit Redundanz- und Toleranzmodellen für die Fehleranalyse zur Laufzeit.

1 Einleitung

Der Maschinen- und Anlagenbau (Prozessindustrie und Fertigungsindustrie) und die Automatisierungstechnik sind wichtige Industriesektoren in Deutschland. Noch behauptet sich Deutschland in diesem Bereich als führender Exporteur mit einem Welthandelsanteil von 20% (VDMA e.V.). Um weiterhin erfolgreich am Weltmarkt zu agieren und dem guten Ruf auch zukünftig gerecht werden zu können, müssen Automatisierung und Produktionssteuerungen zusammenwachsen. Die vertikale Integration und die Schaffung von Cyber-Physical Systems (CPS) [1,2] im Bereich der Produktion sind die Trends der Zukunft. CPS umfassen (in Anlehnung an [1]) typischerweise Eingebettete Systeme (als Teil von Geräten, Gebäuden, Verkehrsmitteln, Verkehrswegen, Produktionsanlagen, Logistik- und Managementprozessen, etc.), die

W.A. Halang (ed.), *Herausforderungen durch Echtzeitbetrieb*, Informatik aktuell,
DOI 10.1007/978-3-642-24658-6_14, © Springer-Verlag Berlin Heidelberg 2012

- mittels Sensoren und Aktuatoren unmittelbar physikalische Daten erfassen und auf physikalische Vorgänge einwirken,
- mit digitalen Netzen verbunden sind (drahtlos, drahtgebunden, lokal, global),
- weltweit verfügbare Daten und Dienste nutzen
- und über eine Reihe multimodaler Mensch-Maschine-Schnittstellen (dediziert in Geräten, unspezifisch etwa über Browser, etc.) verfügen.

Aufgrund ihrer technischen Merkmale und Möglichkeiten können CPS weitgehend ortsunabhängig, jedoch kontextspezifisch, adaptiv, autonom und automatisiert multifunktionale, vernetzte und verteilte Funktionen und Dienste erbringen. CPS führen in der Produktion zu sich auf Veränderungen im Markt und in der Lieferkette automatisch anpassenden und hoch flexiblen, auch über Unternehmensgrenzen hinweg kooperierenden Produktionseinheiten.

Die CPS in der Produktion sind ein Netz von weltweit kooperierenden, adaptiven, evolutionären und sich selbstorganisierenden Produktionseinheiten. Die Produktionseinheiten können komplette Produktionsmaschinen, Aggregate oder Komplettanlagen sein. Sie kennen ihre Einsatzgebiete, Konfigurationsmöglichkeiten sowie Produktionsrahmenbedingungen und kommunizieren eigenständig über drahtlose oder drahtgebundene Kommunikation. Produktionsanlagen werden daher zunehmend modular und dezentral als Flexible Fertigungssysteme (FFS) aufgebaut. Üblicherweise werden in einem FFS mehrere verschiedene Produkttypen und Produktionsaufträge gleichzeitig bearbeitet. Die Systeme bestehen aus mehreren Bearbeitungsstationen, die unterschiedliche Produktionsaufgaben übernehmen und diese bei Bedarf schnell wechseln [3]. Um die Flexibilität der Produktionseinheiten an sich zu steigern, sind die einzelnen Fertigungsstationen so zu realisieren, dass sie sich während der Laufzeit für die Fertigung verschiedener Produkte anpassen können, d.h. sich rekonfigurieren können.

Im vorliegenden Fall handelt es sich um die Flexibilisierung der Einspannvorrichtung einer Fräsmaschine, um diese automatisch auf neue Produkte einstellen zu können (siehe Abb. 1) und während des Betriebs zu rekonfigurieren [4]. Neben den Anlagenkomponenten muss auch die Steuerungssoftware den dezentralen, flexiblen Strukturen angeglichen werden. Typischerweise werden jedoch sämtliche Vorgänge in FFS durch einen dedizierten Rechner, den Fertigungsleitrechner, zentral gesteuert. Eine Erhöhung der Verfügbarkeit durch die Kompensation von Sensor- und Komponentenausfällen bedingt zudem die Implementierung von Konzepten zur Rekonfiguration innerhalb der Echtzeitsteuerungssoftware [5]. Diese erweiterte Funktionalität muss dabei über eine geeignete Schnittstelle dem Fertigungsleitrechner zur Verfügung gestellt werden.

Der Ansatz, der im Folgenden vorgestellt wird, führt zu einer Erhöhung der Flexibilität und Verfügbarkeit von Produktionssystemen. Es wird ein Agentensystem aufgezeigt, das vollständig in den Sprachen der IEC 61131 auf Speicherprogrammierbaren Steuerungen (SPS) implementiert ist. Die Softwareagenten diagnostizieren Sensorausfälle und kompensieren diese in Echtzeit, wodurch eine Erhöhung der Anlagenverfügbarkeit erreicht werden kann. Zum anderen enthalten die Agenten Mechanismen zur dynamischen Rekonfiguration, um dementsprechend die Flexibilität der rekonfigurierbaren Anlagenkomponenten handhaben zu können. Die Funktionen der Komponenten stellen die Softwareagenten in diesem Ansatz über eine Dienst-Schnittstelle einem PC-basierten Produktionsplanungstool zur Verfügung. Dies ermöglicht zudem die Integration komplexer Reasoning-Verfahren auf den PC-Systemen der Produktionssteuerung.

Im Folgenden werden die Grundlagen erläutert und der Einsatz bestehender Systeme vorgestellt. Anschließend werden die Struktur und die Entwicklung des Agentensystems beschrieben. Dieses wird im Weiteren am Beispiel der flexiblen Einspannvorrichtung evaluiert. Abschließend werden die Ergebnisse diskutiert.

2 Stand der Technik und Forschung

Das Paradigma der Softwareagenten bietet insbesondere für Systeme, die eine logische Verteilung aufweisen, strukturellen Änderungen zur Laufzeit unterworfen sind und über komplexe Abläufe verfügen, einen vielversprechenden Ansatz. Zur Erfüllung der hohen Anforderungen von Produktionsanlagen bezüglich der Zuverlässigkeit und der Robustheit gegenüber Störungen, ist das Echtzeitverhalten von Agenten-Plattformen und -Architekturen zu untersuchen.

Agentensysteme sind meist an PC-basierte Plattformen gebunden, bei denen es sich entweder um frei verfügbare [6,7], kommerzielle [8] oder selbstentwickelte [9,10] Lösungen handelt. In [11–13] sind Agenten auf Geräten der Feldebene, den SPSen, lauffähig. JADE, eine der am häufigsten verwendeten Agentenplattform, sowie viele weitere Plattformen und Frameworks basieren auf JAVA und schränken aufgrund ihrer Behandlung von Queues und Tasks den Einsatz für Echtzeitsysteme stark ein. Zudem sind PC-basierte Agentensysteme für Echtzeitanwendungen aufgrund des Garbage Collectors und des Just-in-Time Compilers als integraler Bestandteil von Java nur sehr eingeschränkt akzeptabel.

Unter Zuhilfenahme von Industrie-PCs (IPCs) mit Soft-SPSen, die in der Lage sind, neben Tasks der Steuerungsprogramme auch C++ bzw. Java-Anwendungen auszuführen, wird versucht, die enge Verbindung zwischen Echtzeitsteuerung und dem Agentensystem herzustellen [11,13]. Die Synchronisation der Tasks über Nachrichten oder gemeinsamen Speicher genügt allerdings keinen harten Echtzeitanforderungen [5]. Für PC-basierte Agentensteuerungen besteht keine Möglichkeit, direkt und unter Einhalt der Echtzeitanforderungen im Bereich von 10 - 100 ms Einfluss auf das Steuerungsverhalten zu nehmen, wie dies zufällig auftretende Fehler erfordern. Demgegenüber kann ein Agent auf einer SPS den Prozess in jedem Zyklus kontrollieren und innerhalb von zwei Zyklen reagieren.

In [13] laufen die Agenten vollständig in einer Rockwell ControlLogix-Steuerung ab, die es erlaubt, parallel neben der IEC-konformen Echtzeitsteuerung Tasks in Form von JAVA-basierten Agentensystemen ablaufen zu lassen. Auch in diesem Fall ist die Koordinierung der Tasks kritisch und das Einhalten harter Echtzeitanforderungen im o.g. Zeitbereich nicht möglich. In der Domäne der Intralogistik, in der die Steuerung durch Softwareagenten bereits eine breitere Akzeptanz und Verwendung findet, wird oft die Trennung zwischen einer echtzeitfähigen Komponente der Softwareagenten auf einer SPS und einer nicht echtzeitfähigen Komponente der Softwareagenten in höheren Programmiersprachen eingesetzt [14]. Diese Ansätze integrieren eine service-orientierte Architektur basierend auf Web-Services in die Softwareagenten. Durch die nicht echtzeitfähige Komponente wird jedoch ein IPC mit Soft-SPS benötigt. Eine Agentenimplementierung auf einer SPS hat den Vorteil, dass keine zur Echtzeitsteuerung parallel laufenden Tasks synchronisiert werden müssen. Ein zyklusgenauer Zugriff auf das Prozessbild vereinfacht wechselseitige Zugriffe [5].

Nur zwei Gruppen [11,12] realisieren Agenten auf konventionellen SPSen und verwenden die aktuell in Anlagen eingesetzte Steuerungstechnik. [11] setzen in ihrem Multi-Agentensystem überwiegend IPCs ein, die Agenten zur Steuerung des Transportsystems bzw. der Shifting-Table sind vollständig auf modularen TSX-SPSen, die standardmäßig alle fünf IEC-Sprachen unterstützen, implementiert. Im Gegensatz zu den Steuerungsagenten von [12] sind die Transportagenten wesentlich einfacher gehalten. Sie verfügen über kein umfangreiches Wissen ihrer Umgebung, sondern handeln nur nach festen Regeln, weshalb sie dem reaktiven Agententyp zuzuordnen sind. Werkstücke werden durch IF-ELSE-Regeln solange von einem Shifting-Table zum nächsten weitergeleitet, bis sie ihr Ziel erreichen.

Während sich für dieses Anwendungsbeispiel problemlos feste Regeln aufstellen lassen, kann dies für komplexere flexible Systeme kaum realisiert werden. Die Schwierigkeit besteht darin, alle möglichen Situationen zur Entwurfszeit zu berücksichtigen und für jede Situation ein optimales Verhalten festzulegen. Durch die Integration von Wissen über die Umgebung [12] werden erst zur Laufzeit Alternativen ermittelt und Entscheidungen getroffen [5]. In einer Wissensbasis ist das lokale Wissen durch einfache Teilmodelle hinterlegt. Dies befähigt die Agenten abhängig von der Situation, ihren Aktionsspielraum festzulegen und kritische Zustände zu vermeiden. Des Weiteren können Sensorausfälle in Echtzeit detektiert und durch Soft-Sensoren kompensiert werden. Demzufolge entsteht eine deutlich weitreichendere Flexibilität als bei einfachen reaktiven Systemen.

3   Anwendungsbeispiel – flexible Einspannvorrichtung

Im Forschungsprojekt CogMaSh wird eine Produktionsumgebung mit kognitiven Fähigkeiten entwickelt und anhand eines Demonstrators evaluiert. Die Einspannvorrichtung der Fräsmaschine ist ein Subsystem dieses Demonstrators und erlaubt es, Werkstücke bis zu einer Spannweite von ca. 130 mm mit einer maximalen Spannkraft von ca. 7,5 kN zu fixieren (vgl. Abb. 1). Auf dem Maschinentisch (1) der Fräsmaschine ist die Schiene (2) der flexiblen Einspannvorrichtung montiert. Auf dieser Stahlschiene wiederum befinden sich ein fest verankerter Block (3) und gegenüberliegend eine beweglicher Schlitten (4), der von einem pneumatischen Kolben (5) angetrieben wird. Unter Verwendung des Wegseilsensors (6), der die Einspannweite erfasst, kann ein Regelkreis geschlossen werden, um so mit dem Schlitten (4) eine bestimmte Position anzufahren. Zwei kleinere Pneumatik-Zylinder (8) innerhalb des Halte-Blocks (3) und des Schlittens (4) halten die austauschbaren Spannbacken (7) in Position. Um die aktuelle Lage der beiden Zylinder zu detektieren, sind sie mit Endlagensensoren versehen. Nach [4] läuft der Einspannprozess wie folgt ab. Zu Beginn muss anhand der

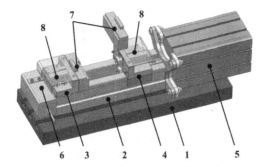

Abb. 1. Aufbau der flexiblen Einspannvorrichtung [4]: Maschinentisch (1); Schiene (2); Block (3); Schlitten (4); pneumatischer Antriebskolben (5); Wegseilsensor (6); austauschbare Spannbacken (7); pneumatische Kompaktzylinder (8)

vorliegenden CAD-Daten des Werkstücks überprüft werden, ob bereits geeignete Spannbacken existieren. Ist dies der Fall, können sie dem Lager entnommen und durch den Roboter in die Einspannvorrichtung eingesetzt werden. Stehen keine passenden Backen zur Verfügung, legt der Roboter unbearbeitete Spannbacken ein. Unterdessen entwirft das CogMaSh-Fertigungsleitsystem mit Hilfe einer wissensbasierten Design-Synthese den NC-Code zur Fertigung der neuen Spannbacken. Die rohen Spannbacken werden in der Vorrichtung gehalten, so dass die Fräsmaschine on-demand aus dem generierten NC-Code die Backen fräsen kann. Stehen anschließend die geometrisch korrekten Spannbacken zur Verfügung, so kann das zu bearbeitende Werkstück durch den Roboter eingesetzt werden. Die Vorrichtung ist hierfür auf die zum Werkstück korrespondierende Weite zu öffnen, die mit der Einspannweite zuzüglich weniger Millimeter übereinstimmt. Während der Roboter das Teil gegen die Backe des fest montierten Blocks drückt, schließt sich die verfahrbare Einspannbacke mit der vorgegebenen Einspannkraft. Das Werkstück ist nun für den Bearbeitungsprozess fixiert.

4 Anwendung des agentenorientierten Ansatzes zur Flexibilisierung der Einspanneinrichtung einer NC-Fräsmaschine

Im Folgenden werden zunächst die Architektur des Agentensystems, anschließend die Architektur des Steuerungsagenten und die Wissensbasis sowie die implementierte Serviceschnittstelle anhand des Anwendungsbeispiels erläutert.

4.1 Architektur des Agentensystems

Einzelne *Steuerungsagenten* vertreten Teilanlagen des technischen Systems, und bieten deren abgeschlossene Funktionen gekapselt als Dienste nach außen an (Abb. 2). Beispiel hierfür ist die CNC-Fräsmaschine, deren Spannvorrichtung über abgeschlossene Funktionen, wie z.B. „Werkstück fixieren" verfügt. Für die

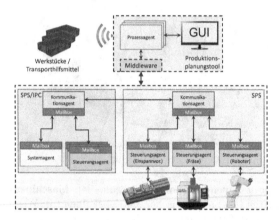

Abb. 2. Architektur des Agentensystems [15]

Umsetzung dieser Dienste, die Diagnose und Kompensation von Fehlern, als auch für die Sicherstellung der Kommunikation mit anderen Agenten wird der komponentenbasierte Aufbau der Steuerungsagenten von [12] genutzt. Im Folgenden werden der Systemagent und der Kommunikationsagent erläutert.

Der *Systemagent* übernimmt Querschnittsaufgaben, die das ganze Fertigungssystem betreffen, wie z.B. die Berücksichtigung globaler Anforderungen, Auswertung von Fehlermeldungen oder die Verwaltung eines Verzeichnisses aller angemeldeter Agenten. Zudem verfügt der Systemagent über geeignete Anbindungspunkte, um die Dienst-Schnittstelle zwischen PC- und SPS-basierten Systemen sicherzustellen. Er verfügt zwar über Wissen bezüglich der physikalischen Verbindungen der Anlagenkomponenten untereinander sowie den Schnittstellen zwischen deren Steuerungsagenten, hat jedoch keine detaillierten Informationen über deren innere Zusammenhänge. Die *Nachrichtenkommunikation* innerhalb des Agentensystems bildet die Basis für den Verhandlungs- bzw. Auswahlmechanismus von Diensten, sorgt für eine lose Kopplung zwischen den einzelnen Anlagenkomponenten und ist somit ein entscheidendes Mittel für die Flexibilität des Gesamtsystems. Die *Kommunikationsagenten* koordinieren diesen Nachrichtenaustausch zwischen den Agenten innerhalb der Steuerung und über den Feldbus. Sie nehmen Nachrichten in ihrer Mailbox entgegen und leiten diese in die Mailbox des Steuerungs- bzw. Kommunikationsagenten weiter.

4.2   Architektur des Steuerungsagenten und Wissensbasis im Redundanzmodell

Entsprechend des in vier Funktionsmodule unterteilten Konzepts von [5] werden von [15] die Steuerungsagenten entworfen und als eigenständige Echtzeittasks in den Sprachen der IEC 61131-3 implementiert (siehe Abb. 3). Während das Steuerungsmodul und die Wissensbasis spezifisch für die verwendete Steuerungshardware und das technische System sind, hängen das Planungsmodul und Diagnosemodul nur von der Steuerungsaufgabe des Agenten ab.

Das *Steuerungsmodul* realisiert die Funktionen der korrespondierenden technischen Komponente in Form von Diensten. Über I/O-Schnittstellen ist es mit der Komponente verbunden, worüber Stellgrößen gesetzt und Messwerte gelesen werden. Die eingelesenen Sensorwerte werden vom *Diagnosemodul* weiterverarbeitet, das es erlaubt, Fehler zu detektieren, um diese anschließend entsprechend der aktuellen Situation behandeln zu können. Für diese Zwecke steht das Diagnosemodul in enger Verbindung mit der *Wissensbasis*, die Modelle des lokalen Wissens eines Steuerungsagenten enthält. Da es für heutige komplexe Fertigungsanlagen unmöglich scheint, alle zu erwartenden Strukturänderungen samt ihrer Kombinationen zum Entwurf zu berücksichtigen, um während der Laufzeit adäquat auf die Änderungen zu reagieren, werden stattdessen Modelle in die Agenten integriert. Das Toleranzmodell beschreibt vorgegebene Grenzen, innerhalb derer das System zu betreiben ist, um eine korrekte und präzise Ausführung zu erreichen. Die Beschränkungen ergeben sich aus Randbedingungen und Anforderungen sowohl des technischen Systems als auch des technischen Prozesses [5].

Auf Grundlage der Prozesskenntnisse und der räumlichen Anordnung der Sensoren und Aktoren werden Abhängigkeiten modelliert und zusätzliche modellbasierte virtuelle Messwerte für einen realen Sensor berechnet und zur Fehlerdetektion und Kompensation verwendet. Die Sensoren und Aktoren der Einspannvorrichtung lassen sich in drei funktionell abhängige Einheiten einteilen: zwei voneinander unabhängige Backenhalterungen an dem beweglichen Schlitten (*Slide*) und dem fest verankerten Block (*Anvil*), ausgestattet mit jeweils einem Pneumatik-Zylinder und zwei Endlagensensoren (vgl. Abb. 1). Die dritte Einheit bildet der Hauptzylinder (*Main*), der über einen Druck und Volumenstrom ansteuerbar ist und dessen Kolbenposition ein Wegseilsensor erfasst (Abb. 4).

Die Knoten der gerichteten Graphen repräsentieren einzelne Sensor- und Aktorwerte. Die gerichteten Kanten zeigen von dem Knoten, für welchen ein Ersatzmesswert errechnet werden soll, auf die Daten, die als Eingang für diese Berechnung dienen. Der gerichtete Graph des Redundanzmodells wird in eine Matrix überführt (Abb. 5), welche auf der SPS als mehrdimensionales Array der Größe $[m \times m + 1]$ implementiert ist, wobei m der Anzahl der Sensor-Knoten des Graphen entspricht. Die zusätzliche Spalte dient zur Eintragung ausgewählter Sensorwerte. Im Fall der flexiblen Einspannvorrichtung handelt es sich um insge-

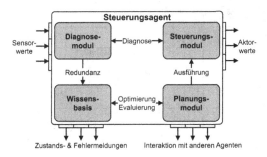

Abb. 3. Architektur des Steuerungsagenten [5]

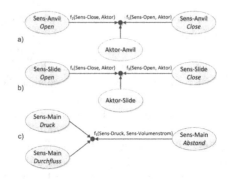

Abb. 4. Gerichtete Graphen der a) Anvil-, b) Slide-, c) Main-Einheit

samt 7 Sensoren. Die Zeilen und Spalten sind mit den Knotennamen des Graphen beschriftet. Jede Zelle beinhaltet Daten des UDT-Datentyps `T_Sens`, der seinerseits wiederum einen Messwert *Value* (*real* oder *virtuell*), einen Qualitätswert Q und eine Ausfallwahrscheinlichkeit P enthält. Auf der Hauptdiagonale werden periodisch aktuelle, reale Sensorwerte eingetragen, die zuvor durch FC-Bausteine auf entsprechende Maßeinheiten umgerechnet werden. Die Qualitätswerte dieser Sensoren sind den Datenblättern entnommen.

4.3 Service-Schnittstelle zwischen Fertigungsleitrechner und Einspannagent

Über das nachrichtenbasierte Kommunikationssystem und eine implementierte Dienstschnittstelle können Prozessagenten, deren Ausführung auf dem Fertigungsleitrechner erfolgt, mit den Steuerungsagenten interagieren. Einzelne Dienste, die in ihrer gezielten Aneinanderreihung einen individuellen Fertigungsplan eines Werkstücks ergeben, werden vom Planungstool an die Steuerungsagenten ausgeschrieben. Anschließend wird das beste abgegebene Angebot ausgewählt. Dieser nachrichtenbasierte Verhandlungsmechanismus zwischen Prozess-

	ausgewählter Sensor	Anvil Close	Anvil Open	Slide Close	Slide Open	Druck	Durchfluss	Abstand
Anvil Close	Value, Q, P	Sensor [binär] Q = 1.0	Virtuell: f1() Q, P					
Anvil Open	Value, Q, P	Virtuell: f2() Q, P	Sensor [binär] Q = 1.0					
Slide Close	Value, Q, P			Sensor [binär] Q = 1.0	Virtuell: f3() Q, P			
Slide Open	Value, Q, P			Virtuell: f4() Q, P	Sensor [binär] Q = 1.0			
Druck	Value, Q, P					Sensor [bar] Q = 0.99		
Durchfluss	Value, Q, P						Sensor [l/min] Q = 1.0	
Abstand	Value, Q, P				Virtuell: f5() Q, P		Virtuell: f5() Q, P	Sensor [mm] Q = 0.999

Abb. 5. Matrix der Repräsentation des gerichteten Graphen

und Steuerungsagenten sorgt für eine lose Kopplung zwischen den einzelnen Anlagenkomponenten und ist somit ein entscheidendes Mittel für die Flexibilität des Gesamtsystems. Die Ausführung der Dienste erfolgt autonom durch die einzelnen Steuerungsagenten. Parallel zur Ausführungszeit überwachen sie den Prozess auf auftretende Fehler und kompensieren diese in Echtzeit soweit möglich, um die Robustheit der industriellen Anlagen zu erhöhen. Da es für komplexe Produktionsanlagen unmöglich scheint, alle zu erwartenden Strukturänderungen samt ihrer Kombinationen zum Zeitpunkt des Entwurfs zu berücksichtigen, um während der Laufzeit adäquat auf die Änderungen zu reagieren, werden Modelle in die Agenten integriert, auf deren Basis die Agenten autonom entscheiden.

5   Evaluation

Die Gültigkeit des Ansatzes von [5] konnte auch für eine Siemens-Steuerung (SIMATIC S7-400) gezeigt werden. Auf dem System wurden mehrere Testläufe zur Bearbeitung von Werkstücken unterschiedlicher Geometrien mit einem regelmäßigen Wechseln der Spannbacken und der Fertigung neuer Backen durchgeführt. Die Verwendung der Wissensbasis und des Redundanzmodells führten zur Steigerung der Verfügbarkeit der Anlagenkomponente. Zum Testen der Fehlerkompensation wurden Sensorausfälle initiiert. Mit Hilfe der Soft-Sensoren war der Steuerungsagent in der Lage, Fehler realer Sensoren in beliebigen Kombinationen zu detektieren und mit Hilfe der aus dem Modell generierten Werte zu kompensieren. Die Dienste, die aus den Funktionen und Möglichkeiten der Einspannvorrichtung erarbeitet wurden, implementiert das Steuerungsmodul und setzt sie auf Anweisung des Planungsmoduls um. Das Planungsmodul legt die Strategien fest und verwaltet die Abfolge der Dienstausführungen in einer Taskliste. Der Steuerungsagent der Einspannvorrichtung trifft autonome Entscheidungen und behält die Kontrolle über sein Verhalten und seinen Zustand. Über die Kommunikationsschnittstelle ist die geforderte Bereitstellung der Dienste nach außen sichergestellt. Basierend auf den Geometrie-Informationen der Werkstücke ist der Agent in der Lage, Dienstanfragen vorab auf ihre Machbarkeit zu untersuchen. Falls erforderlich, fordert der Agent beim Fertigungsleitsystem geeignete Spannbacken an oder initiiert die Fertigung passender Backen.

6   Fazit

Anhand der Einspannvorrichtung einer Fräsmaschine konnte gezeigt werden, dass ein agentenorientierter Ansatz zur Flexibilisierung und Erhöhung der Verfügbarkeit führt. Dieses äußerst einfache Teilsystem einer Maschine bietet nach Agentifizierung die Möglichkeit, wie dies im Rahmen der Cyber Physical Systems gefordert ist, flexibel auf neue Anforderungen zu reagieren. Der Anwendungsfall zeigt aber auch, dass die Implementierung mit Sensoren und Aktoren (*physical systems*) bereits einen erheblichen Aufwand bedeutet und für die Umsetzung in vielen Anwendungsbereichen für die etablierten Speicherprogrammierbaren Steuerungen noch erhebliche Anstrengungen unternommen werden müssen, um die Idee der sich selbst konfigurierenden, adaptierenden, intelligenten Produktionssysteme in den verschiedenen Branchen umzusetzen. Dazu bedarf es insbesondere der Einbeziehung des Wissens über den technischen Prozess, des technischen Systems (der Maschine) als auch der Automatisierungstechnik.

7 Danksagung

Die Autoren danken dem DFG-Exzellenzcluster CoTeSys für die Unterstützung dieses Projektes (Cognition for Technical Systems, http://www.cotesys.org.

Literaturverzeichnis

1. Broy, M. (Hrsg.): *Cyber-Physical Systems. Innovation durch Software-Intensive Eingebettete Systeme.* In: acatech DISKUTIERT, Springer-Verlag, Berlin, 2010.
2. Vogel-Heuser, B.: *Cyber-Physical Systems – Herausforderung für die Produktion.* In: Vogel-Heuser, B. (Hrsg.): Automation Symposium 2011, Kassel University Press, Kassel, 2011.
3. Tempelmeier, H.; Kuhn, H.: *Flexible Fertigungssysteme: Entscheidungsunterstützung für Konfiguration und Betrieb.* Springer-Verlag, Berlin, 1993.
4. Ertelt, C.; Gmeiner, T.; Shea, K.: *A Flexible Fixture and Reconfiguration Process for the Cognitive Machine Shop.* In: CARV 2009.
5. Wannagat, A.: *Entwicklung und Evaluation agentenorientierter Automatisierungssysteme zur Erhöhung der Flexibilität und Zuverlässigkeit von Produktionsanlagen.* Dissertation, Lehrstuhl AIS, Fakultät Maschinenwesen, Technische Universität München, Sierke Verlag, 2010.
6. Cândido, G.; Barata, J.: *A Multiagent Control System for Shop Floor Assembly.* In: HoloMAS 2007, LNCS 4659, Springer-Verlag, Berlin, S. 293–302.
7. Hallenborg, K.: *Decentralized Scheduling of Baggage Handling Using Multi-agent Technologies.* In: Levner, E. (Hrsg.): Multiprocessor Scheduling. Theory and Applications, Itech Education and Publishing, Wien, 2007, S. 381–404.
8. Dannegger, C.: *Softwareagenten zur autonomen Steuerung einer modularen Lötmaschine.* In: atp – Automatisierungstechnische Praxis, Jg. 50, Nr. 7, 2008, S. 40–44.
9. Mönch, L.; Stehli, M. et al.: *The FABMAS multi-agent-system prototype for production control of water fabs: design, implementation and performance assessment.* In: Production Planning & Control, Jg. 17, Nr. 7, 2006, S. 701–716.
10. Fan, C. K.; Wong, T. N.: *Agent-based architecture for manufacturing system control.* In: Integrated Manufacturing Systems, Jg. 14, Nr. 7, 2003, S. 599–609.
11. Bussmann, S.; Schild, K.: *An agent-based approach to the control of flexible production systems.* In: ETFA 2001, S. 481–488.
12. Wannagat, A., Vogel-Heuser, B.: *Agent oriented software-development for networked embedded systems with real time and dependability requirements the domain of automation.* In: IFAC World Congress 2008, S. 4144–4149.
13. Marik, V.; Vrba, P. et al.: *Rockwell automation agents for manufacturing.* In: AAMAS 2005, S. 107–113.
14. Feldhorst, S.; Libert, S. et al.: *Integration of a Legacy Automation System into a SOA for Devices.* In: ETFA 2009, S. 1–8.
15. Schraufstetter, M.: *Entwurf und Evaluation einer agentenbasierten Steuerung mit Schnittstelle zum Prozessleitsystem.* Diplomarbeit, Lehrstuhl AIS, Fakultät Maschinenwesen, Technische Universität München, 2010.

Flexible Echtzeitsimulationsumgebung für optische Schüttgutsortierung

Rüdiger Heintz, Günter Struck und Matthias Burkhard

Fraunhofer-Institut für Optronik, Systemtechnik und Bildauswertung
76131 Karlsruhe
{Ruediger.Heintz|Guenter.Struck|Matthias.Burkhard}@iosb.fraunhofer.de

Zusammenfassung. Die hohen Anforderungen an Datendurchsatz und Robustheit optischer Sortiersysteme erfordern umfangreiche Testzyklen. Derartige Sortiersysteme lassen sich einfach für viele unterschiedliche Sortieraufgaben parametrieren, die möglichst alle mit den Testzyklen abzudecken sind. Drehende Trommeln mit aufgeklebten Testbildern, die von Zeilenkameras abgetastet werden, stellen den Stand der Technik dar, sind jedoch unflexibel. Andere Testsysteme simulieren das Zeitverhalten von Sensoren oder Kameras, erfüllen aber nicht die wesentlichen Anforderungen für diese Testaufgabe. Diese Arbeit stellt ein Simulationsverfahren mit Hilfe eines programmierbaren Framegrabbers vor, das es erlaubt, den Testablauf flexibel zu gestalten und die Testzyklen unter Echtzeitbedingungen automatisiert ablaufen zu lassen.

1 Einleitung

Die optische Sortierung hat sich für viele Schüttgüter als geeignetes Verfahren zur Trennung verschiedener Fraktionen etabliert. Sie erlaubt eine Extraktion einer Vielzahl von Form-, Farb- und Spektralmerkmalen und kann somit flexibel auf unterschiedlichste Schüttgüter wie Tee, Kaffee, Altglas, Bergwerkrohstoffe, Abfall usw. angepasst werden. Um einen hohen Durchsatz bei einem definierten Hintergrund zu erreichen, hat sich die Prüfung während einer Flugphase durchgesetzt, in der viele Einzelobjekte parallel bewertet werden. Je nach Materialeigenschaft werden die Objekte frei fallen gelassen, rutschen über eine Rinne oder werden von einem Transportband abgeworfen. Die Ausschleusung erfolgt über schnell schaltende Druckluftventile und auf Balken nebeneinander angeordneten Druckluftdüsen.

Die parallele Prüfung mehrerer Objekte in der gewünschten Auflösung erfordert einen hohen Datendurchsatz. Aktuell ist ein Durchsatz von bis zu 700 MByte/s zu verarbeiten. Systembedingt liegt für die Verarbeitungszeit eine harte Grenze vor. Die Prüfung eines Objekts muss abgeschlossen sein, bevor es den Düsenbalken passiert. Da sich die Bewegungen der einzelnen Objekte unterscheiden, führt dies zu einer mit dem Abstand vom Zeilensensor steigenden Aufweitung des Objektstromes, weshalb der Düsenbalken möglichst nah am Zeilensensor zu platzieren ist. Realistische Abstände liegen im Bereich von 120 mm und führen zu notwendigen Verarbeitungszeiten von ca. 40 ms.

W.A. Halang (ed.), *Herausforderungen durch Echtzeitbetrieb*, Informatik aktuell,
DOI 10.1007/978-3-642-24658-6_15, © Springer-Verlag Berlin Heidelberg 2012

Um diese Werte zu erreichen, wird ein Teil der Verarbeitung in parallelisierter programmierbarer Hardware (FPGA) umgesetzt (vgl. [1]). Zu diesen Verarbeitungsschritten zählen das Zusammenführen zweier Kameras, Weißabgleich, Mehrklassensegmentierung anhand von Farbinformationen, Faltungsfilterung, morphologische Filterung und ähnliches. Realisiert wurden diese Operationen auf einem grafisch programmierbaren Framegrabber der Firma Silicon Software GmbH.

Mittels Integrationstest erfolgt eine Verifikation des Gesamtsystems. Dazu wird vom Sensor bis zur Ausschleusung ein vollständiges System aufgebaut; der Objektstrom wird dabei anhand von Bildern auf einer sich drehenden Trommel simuliert. Dieses Verfahren erlaubt es, das Zusammenspiel von Hard- und Software im Dauerbetrieb testen zu können, ohne einen vollständigen Sortierer mit Materialrückführung aufbauen zu müssen. Gegenüber echtem Material ergibt sich damit der Vorteil reproduzierbarer Ergebnisse ohne Änderung des Eingangssignals. Denn ein Teil der Schüttgüter, wie zum Beispiel Tee, würde nicht über längere Zeit realistische und reproduzierbare Ergebnisse liefern.

Simulationen mit Trommeln (vgl. Abbildung 1) kommen aber schnell an ihre Grenzen. Ausgedruckte Materialabbildungen lassen sich zwar derart manipulieren, dass deren Aufnahme mit einer Farbzeilenkamera vergleichbare Werte mit der direkten Aufzeichnung des Materials liefern. Bei spektralen Untersuchungen von Materialien im nicht sichtbaren Bereich (z.B. UV- oder IR) werden aber bis dato mit realistischen Aufwand nicht überwindbare Grenzen gesetzt. Des weiteren ist der Test unterschiedlicher Materialien oder Materialarten meist mit einem mehrmaligen Wechsel der Materialabbildung verbunden. Diese Arbeit untersucht mögliche Simulationsumgebungen, um diese Nachteile zu umgehen und vollständig automatisierte Tests zu ermöglichen.

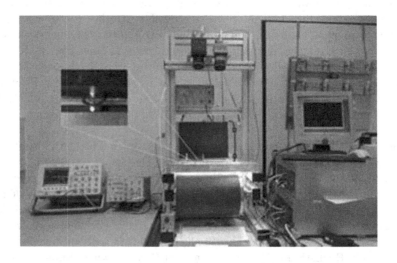

Abb. 1. Testumgebung mittels Trommelsystem und Kameras

2   Varianten von Simulationsumgebungen

Die Anforderungen an eine für die Systemintegration geeignete Simulationsumgebung sind vielfältig. Es wird gefordert, dass

- die Leistungsparameter des Originalsystems eingehalten werden:
  - Zeilenbreite: bis 8192 RGB Bildpunkte
  - Zeilenfrequenzen: bis 20 kHz
- automatische Tests mit unterschiedlichen Parametereinstellungen und Testdaten durchführbar sind,
- sich bei Änderung der Belichtungszeit einer Kamerakomponente die Helligkeit der Abbildung ändert,
- genügend Potential für die Integration weiterer Modelle vorhanden ist, z.B. für Bildpunktrauschen, Bewegungsunschärfe und ähnliche,
- es geeignete Schnittstellen gibt, um das Erscheinen einzelner Objekte zu signalisieren. Durch ein zweites Signal bei der Ausschleusung kann damit das zeitliche Verhalten der Verarbeitung ermittelt werden.

Es wurden mehrere Ansatzpunkte erkannt, um eine Simulation aufzusetzen. Die einzelnen Varianten werden im Folgenden an den Anforderungen gespiegelt und miteinander verglichen.

2.1   Aktive Bildanzeige

Um die Integrationstests zu automatisieren, ist es notwendig, die Materialabbildungen automatisch wechseln zu können. Auf einer sich drehenden Trommel scheidet dieses Vorgehen wegen des enormen technischen Aufwands aus. Eine aktive Bildanzeige wäre eine elegante Lösung. Gegenüber einer Trommel könnte damit die Materialabbildung schnell und automatisiert geändert werden. Die Bildaufnahme mit einer Zeilenkamera erfolgt jedoch mit Zeilenfrequenzen von bis zu 20 kHz. Dem gegenüber ist die an den Menschen angepasste Bildwiederholfrequenz von Bildschirmen und Fernsehern von maximal 800 Hz (Plasma-Bildschirm) weit von den notwendigen Wiederholraten entfernt. Der Aufbau eines hochauflösenden LED-Balkens zur zeilenförmigen Bildgenerierung würde bei den notwendigen Auflösungen einen derzeit nicht zu akzeptierenden Aufwand erfordern.

Um mit geringerer Bildwiederholfrequenz auszukommen, wäre ein möglicher Ausweg, mehrere biegbare Displays auf einer Trommel aufzubringen. Hierzu sind jedoch die technologischen Voraussetzung noch nicht geschaffen (vgl. [4]) und die Implementierung wäre sehr aufwändig.

Da eine aktive Bildanzeige mit den geforderten Leistungsparametern nicht mit einem akzeptablen Aufwand realisiert werden kann, werden im Weiteren Methoden untersucht, um die von Zeilensensoren aufgenommenen Bilder als Simulationsdaten einzubringen.

2.2 Simulation der Zeilensensoren

Anstatt die Zeilensensoren mittels aktiver Bildanzeige anzuregen, können sie auch vollständig simuliert werden. Hierzu existiert eine Vielzahl von Lösungen am Markt. Die reinen Mustergeneratoren legen viel Wert darauf, das Zeitverhalten von Kameras vollständig abzubilden. Als Daten erzeugen diese einfache Muster wie Grau- und Farbkeile, Schachbrettmuster und ähnliches (vgl. [2]). Nachfolger dieser Systeme bilden Kamerasimulatoren mit definierbaren Daten (vgl. [3, 5, 6]). Über eine Schnittstelle, meist in Form eines Webservers, lassen sich die Bilddaten festlegen, welche als simulierte Kameradaten geliefert werden. Nur der Simulator von GiDEL (vgl. [6]) bietet eine geeignete Programmierschnittstelle, stellt parametrierbare Hardwaresignale zur Verfügung und erfüllt die Leistungsparameter. Eine Änderung der Bilddaten zur Laufzeit, um zum Beispiel die Systemreaktion auf eine geänderte Belichtungszeit bewerten zu können, ist aber auch damit nicht zu realisieren.

Da also am Markt für diesen Zweck kein geeigneter Kamerasimulator zu finden ist, wurde die Entwicklung eines eigenes Systems vorangetrieben. Dazu wurde auch untersucht, wie ein solches System effizient aufgebaut werden kann.

2.3 Simulation im Framegrabber

Um die harten Echtzeitanforderungen zu erfüllen, werden in unseren Schüttgutsortiersystemen Framegrabber mit programmierbaren FPGAs der Firma Silicon Software GmbH eingesetzt. Diese Framegrabber werden mittels grafischer Operatoren programmiert, welche speziell auf die Verarbeitung von Bilddaten ausgelegt sind. Zur Firma Silicon Software besteht enger Kontakt und somit auch die Möglichkeit, in Kooperation die Operator-Bibliothek zu erweitern. Die Entwicklung eines Kamerasimulators bietet mehrere interessante Aspekte. So kann der Simulator über die gleiche Schnittstelle programmiert werden, die auch die Bildauswertung nutzt. Des Weiteren ist keine zusätzliche Hardware erforderlich und neben einem Betrieb ohne Kameras bietet sich die Möglichkeit Kameras anzuschließen, um das echte Zeitverhalten zu erhalten und direkt nach Erhalt der Kamerainformationen diese im Framegrabber gegen Simulationsdaten auszutauschen.

Die Bildaufnahme einer Zeilenkamera wird über ein Triggersignal gesteuert. Mit einer positiven Flanke wird der Beginn einer Zeilenaufnahme gestartet. Fällt das Signal zurück, ist die Aufnahme beendet und das Auslesen beginnt. Die Impulslänge entspricht der Integrationszeit, also der Zeit in welcher der Sensor belichtet wird und erlaubt somit eine Festlegung der Bildhelligkeit. Je nach Kamera kann diese Logik invertiert sein.

Hier betrachten wir die Variante ohne zusätzliche Kameras. Abbildung 2 zeigt die Realisierung, die etwas vereinfacht dargestellt wird. Der Operator CoeffizientBuffer dient als Datenquelle. Eine echte Kamera wird über den Operatorblock CC_Control gesteuert. Dieser Block wurde um einen Ausgang erweitert, welcher das Triggersignal liefert. Der Operator SignalEdge erkennt die negative Flanke des Triggersignals und gibt diese Information an den Operator ImageValve weiter, der derart parametriert wurde, dass er jeweils eine Zeile ausgibt, wenn eine 1 am Steuereingang ansteht. Dadurch wird erreicht, dass das Zeitverhalten dem einer realen Kamera entspricht. Das Ausgangssignal wird in die weitere Hardwarevorverarbeitung eingespeist, welche identisch ist mit der Hardware im Fall einer reellen Kamera.

Um Zeitmessungen mit Hilfe eines Oszilloskops durchführen zu können, ist es erforderlich, bei definierten Objekten einen Hardwareausgang zu setzen. Da die Erkennung von Objekten ein sehr aufwändiger Vorgang ist, wurde stattdessen definiert, dass Triggerobjekte in der ersten Zeile des Testbildes liegen. Der Beginn des Testbildes wird über den Operator FrameStartToSignal in ein Signal umgewandelt und mittels Operator TriggerOut an einem Hardwarepin ausgegeben. Da das Signal zunächst nur für einen Takt (ca. 15 ns) lang anstehen würde, kann es zur besseren Darstellung und Erkennung mittels eines SignalWidth Operators verlängert werden. Nach der Auswertung des Testbildanfangs wird der Datenstrom mittels Operator AppendImage in ein endloses Bild umgewandelt, wie es auch eine Zeilenkamera liefern würde.

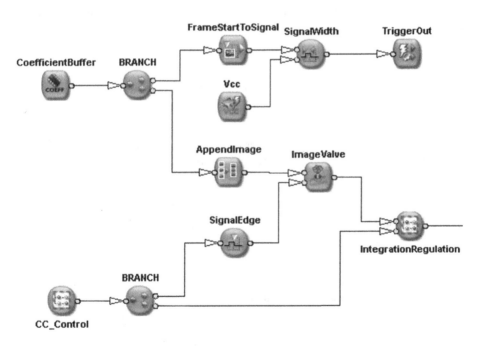

Abb. 2. Übersicht über die Hardwarerealisierung

Als letzte Funktionalität wurde die Reaktion auf die Änderung der Integrationszeit realisiert. Diese ist in Abbildung 3 ebenfalls in vereinfachter Form dargestellt. Es wird ein lineares Modell für die Helligkeitsänderung verwendet. Eine

Integrationszeit von 0 Mikrosekunden führt zu einem schwarzen Bild, entspricht die Integrationszeit einer Referenzzeit, bleibt das Bild unverändert. Ansonsten entspricht der Quotient zwischen Integrationszeit und Referenzzeit einem Verstärkungsfaktor. Der erlaubte Wertebereich von 0-255 pro Farbkanal bleibt dabei erhalten. Ein Werteüberlauf wird durch eine Wertbegrenzung verhindert.

Zunächst wird über den Operator SignalToWidth die Länge des Integrationsimpulses in 66 MHz Takten bestimmt. Über den Const Operator kann per Software ein Referenzwert angegeben werden. Der Integrationswert wird durch die Referenz dividiert, dabei wird mit acht festen binären Nachkommastellen gerechnet. Der dadurch entstandene Wert wird mittels des Operators PixelToImage an den Fluss der Bilddaten angepasst und mit den einzelnen Farbwerten für Rot, Grün und Blau multipliziert. Die nachfolgenden Operatoren ShiftRight und ClipHigh dienen zur Beseitigung der Nachkommastellen und im Fall einer Übersteuerung der Begrenzung der Bildpunkthelligkeitswerte auf 255. Nach dem Zusammenführen der Farbkanalinformationen liegt wieder ein Standard RGB Format mit 8 Bit pro Farbkanal vor.

Da bewegte Objekte aufgenommen werden, vergrößert sich durch die Erhöhung der Integrationszeit auch die Bewegungsunschärfe. Dieser Effekt ist jedoch bei den derzeit verwendeten kleinen Variationen der Integrationszeit nicht signifikant und wird daher bisher nicht nachgebildet.

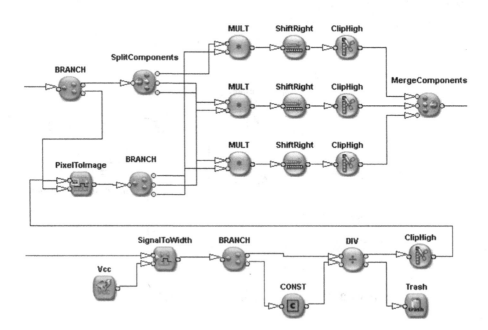

Abb. 3. Hardwarerealisierung der Helligkeitssteuerung

3   Validierung der Simulationsumgebung

Umfangreiche Vergleichstest und langjährige Erfahrungen haben gezeigt, dass sich Trommelsysteme mit repräsentativen Vorlagen dazu eignen, das Lastverhalten von Schüttgutsortiersystemen zu analysieren. Hier wird jetzt die neu entwickelte Simulationsumgebung mit der bisherigen Testumgebung (Zeilenkameras über rotierenden Trommeln) verglichen. In Abbildung 4 ist beispielhaft ein Testbild dargestellt. Um zu erreichen, dass beide Systeme das gleiche Grundmaterial verwenden, wurden Bilder einer kompletten Trommelumdrehung als Testbilder verwendet.

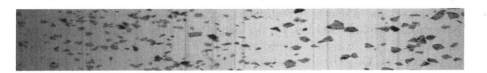

Abb. 4. 10% Ausschnitt des verwendeten Testbildes

Zunächst wurde untersucht, ob der auswertende Rechner in beiden Fällen in ähnlicher Weise ausgelastet wird. Dazu wurden für beide Fälle die Prozessorauslastungen verglichen. Wie in Abbildung 5 zu erkennen ist, sind die Auslastungen recht ähnlich. Die Abweichung des Mittelwertes liegt unter 1%, jedoch liegt die Varianz beim Kamerasystem mehr als 10% über der des Simulationssystems.

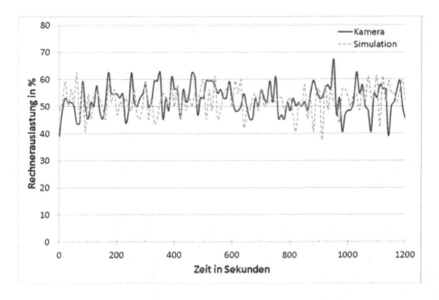

Abb. 5. Gesamtrechnerauslastung im Vergleich

Ein wichtiges Merkmal eines Sortiersystems ist die maximal mögliche Zeilenfrequenz und der damit verbundene maximale Durchsatz. Für ein System mit einer 4K RGB Farbkamera wurde die maximale Zeilenfrequenz bestimmt und mit der Simulationsvariante verglichen. Die maximale Zeilenfrequenz wird als diejenige Frequenz definiert, bei der das Sortiersystem im Betrieb gerade keine Daten verliert. Die Untersuchung ergab, dass bei Verwendung der Kamera und des Simulators gleiche Maximalwerte herauskommen und somit die Simulation dieses Verhalten optimal wiedergibt.

Die Gesamtauswertezeitdauer des Systems muss geringer sein als die Zeit, die ein sich bewegendes Objekt vom Sensor bis zum Aktor benötigt. Um die Zeitdauer zu messen, muss eine Zuordnung zwischen einem Objekt im Bild und der Reaktion an einem Ventil hergestellt werden. Dies ist bei mehr als 1000 Objekten pro Sekunden schwer zu realisieren. Daher wird ein Referenzobjekt in den Datenstrom eingefügt, welches auf der Seite des Aktors erkannt werden kann. Im Falle des Trommelsystems wird eine Leuchtdiode eingeblendet und deren Ansteuerung als Objektstartsignal verwendet (vgl. Abbildung 1). Die Simulationsumgebung verwendet die in Unterkapitel 2.3 beschriebene Methode, um ein Objektstartsignal zu erzeugen. Auf Seite des Aktors wird dem Referenzobjekt eine spezielle Klasse zum Aussortieren zugewiesen und kann dann eindeutig anhand seines Ventilsteuersignals erkannt werden. Die Darstellung des zeitlichen Verlaufs erfolgt mittels Speicheroszilloskop. Das Objektstartsignal wird als Triggersignal verwendet und relativ dazu das Ventilansteuersignal dargestellt. In Abbildung 6 ist die Überlagerung mehrerer Signale dargestellt, um die zeitliche Schwankung zu bestimmen. Diese unterscheiden sich nur geringfügig; das Kamerasystem über der Trommel erzeugt eine Schwankung des Ausblaszeitpunkts von 1,6 ms gegenüber 1 ms bei Verwendung des Simulationssystems.

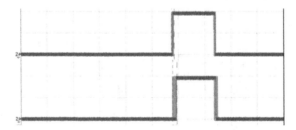

Abb. 6. Schwankung des Ausschleussignals im Simulationssystem (oben) und im Kamerasystem (unten)

Anhand der Abbildung 6 kann der zeitliche Schwankungsbereich des Ausschleussignals bestimmt werden; die Schwankungsverteilung lässt sich mit den verwendeten Messgeräten jedoch nicht analysieren. Innerhalb der Softwareverarbeitung kann jedoch die Schwankungsverteilung der Bildausverfahrensdauer bestimmt werden. In Abbildung 7 ist die Schwankungsverteilung über einen Zeitraum von 5 Sekunden und 5 Minuten dargestellt. Die Grundform ist eine spezielle Verteilung, die durch den zugrunde liegenden Algorithmus im Zusammenspiel mit der Hardware zurückzuführen ist und hier nicht genauer diskutiert wird. Interessant ist aber, dass die Varianz zu beiden Seiten des Maximums bei der Simulation größer ist. Dies ist darauf zurückzuführen, dass sich die Eingangsdaten unverändert wiederholen. Wird der Beobachtungszeitraum verkürzt, ändert sich die Varianz der Verteilung des Simulationssystems kaum, da sich die Daten wiederholen. Die Varianz der Verteilungen des Trommelsystems steigt jedoch.

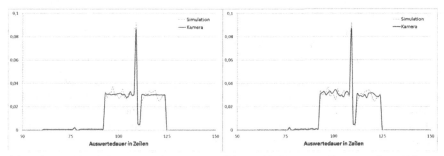

(a) Relative Häufigkeitsverteilung nach 5 Minuten   (b) Häufigkeitsverteilung nach 5 Sekunden

Abb. 7. Relative Häufigkeitsverteilung der Bildauswerteverfahrensdauer

Als weiteres Merkmal zur Validierung des Simulationssystems kann die Verteilung der Anzahl von Objekten je Bildabschnitt herangezogen werden. Dieses Histogramm ist in Abbildung 8 dargestellt. Auch hier sieht man, dass die Daten des Kamerasystems über einer drehenden Trommel eine gleichmäßigere Verteilung besitzen.

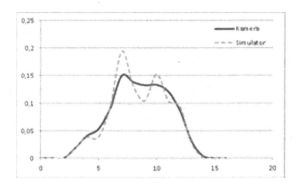

Abb. 8. Relative Häufigkeitsverteilung der Objektanzahl je Bildabschnitt

4   Fazit und Ausblick

Die erstellte Simulationsumgebung stellt ein rudimentäres Modell eines Trommelsystems dar. Einfache Dauertests lassen sich dadurch ohne weiteres simulieren. Geht es jedoch darum, realistische Datenvariationen darzustellen, genügt es nicht, das gleiche Bild einfach fortlaufend zu wiederholen. Stattdessen sind auch die Datenvariationen abzubilden. Es sind daher zwei Modellerweiterungen vorgesehen.

Grundlage einer ersten Modellerweiterungen stellt ein neuer Operator zur Erzeugung von Zufallsdaten dar. Die gleichverteilten Zufallsdaten sind in normalverteilte Daten umzurechnen und zu den Farbkanälen zu addieren, um das Kamerarauschen zu modellieren.

Des Weiteren wird bei den Trommelsystemen eine Variation der Daten durch den freilaufenden Betrieb der Kamera erreicht. Die Trommeldrehung ist unabhängig von der Zeilenfrequenz der Kamera und zudem nicht exakt konstant, somit werden unterschiedliche Positionen erfasst. Auch ohne Rauschen würde das Bild bei jeder Umdrehung unterschiedlich sein, es entsteht eine Ortsunschärfe. Mittels einer spaltenweise Tiefpassfilterung kann eine Bewegungsunschärfe modelliert werden. Durch geeignete Variation der Filterkoeffizienten mittels Zufallsinformationen ergibt sich ein Modell für eine Ortsunschärfe.

Es sind bereits Erweiterungen vorgesehen, mit denen die Simulationsumgebung die Möglichkeiten des Trommelsystems deutlich übertrifft. Bisher können in den Dauertests an Trommelsystem bestimmte Effekte wie Staub, Verschmutzungen oder die automatische Kamerareinigung nur unvollkommen und nicht automatisiert abgebildet werden. Die Simulationsumgebung soll zukünftig um Modelle für diese Effekte erweitert werden.

Literaturverzeichnis

1. Heintz, R.; Gruna, R.; Längle, T.; Struck, G.: Rapid Prototyping eingebetteter Systeme zur echtzeitfähigen Sortierung von Schüttgütern. *Eingebettete Systeme*, Tagungsband Echtzeit 2010, S. 81–90, Boppard. Berlin/Heidelberg, Springer (2010)
2. CLS-212 Camera Link PoCL Simulator. Vivid Engineering, 07.2011, http://www.vividengineering.com/cls212simulator.html
3. Camera Link Simulator. IMAGO Technologies GmbH, 07.2011, http://www.strampe.de/produkte/cameralink-simulator/index.html
4. Samsung ab 2012 mit flexiblen AMOLED-Displays in Massenproduktion. Netbooknews, 07.2011, http://www.netbooknews.de/42877
5. Camera Link Simulator / Framegrabber for PCI Express x8. EDT Incorporated, 07.2011, http://www.edt.com/pcie8dva_cls.html
6. PROC_CamSim Camera/Machine Simulator. GiDEL, 07.2011 http://www.gidel.com/pdf/PROC_CAMSIM Product Brief.pdf